资助项目：

山西省教育厅高校哲学社会科学项目"山西省新型城镇化与展及其驱动机制研究"（项目编号：2021W080）；山西省科学研究计划一般项目"乡村振兴先行示范县城乡融合水平因素及优化路径研究"（项目编号：202104031402091）

新疆生产建设兵团现代农业生态化研究

雷振丹◎著

STUDY ON ECOLOGICALIZATION OF
MODERN AGRICULTURE IN
XINJIANG PRODUCTION AND
CONSTRUCTION CORPS

经济管理出版社
ECONOMY & MANAGEMENT PUBLISHING HOUSE

图书在版编目（CIP）数据

新疆生产建设兵团现代农业生态化研究/雷振丹著. —北京：经济管理出版社，2023.7
ISBN 978-7-5096-9145-8

Ⅰ.①新…　Ⅱ.①雷…　Ⅲ.①生态农业—农业发展—研究—新疆　Ⅳ.①F327.45

中国国家版本馆 CIP 数据核字（2023）第 135390 号

组稿编辑：高　娅
责任编辑：高　娅　李光萌
责任印制：黄章平
责任校对：蔡晓臻

出版发行：经济管理出版社
　　　　　（北京市海淀区北蜂窝 8 号中雅大厦 A 座 11 层　100038）
网　　址：www.E-mp.com.cn
电　　话：（010）51915602
印　　刷：唐山玺诚印务有限公司
经　　销：新华书店
开　　本：720mm×1000mm/16
印　　张：12.5
字　　数：196 千字
版　　次：2023 年 7 月第 1 版　　2023 年 7 月第 1 次印刷
书　　号：ISBN 978-7-5096-9145-8
定　　价：98.00 元

前　言

　　新疆生产建设兵团（以下简称兵团）现代农业持续高产出的主要贡献来源于以石油为原料的地膜、农药、化肥和以石油为动力的农机等的广泛使用，是以"高投入高产出"的增长模式为主。生态环境脆弱，水资源紧缺，土地盐碱化、沙漠化、荒漠化，白色污染严重，农业污染排放和农业碳排放增多等农业生态环境问题层出叠现，影响兵团现代农业持续性发展。生态化转型发展将是当前兵团现代农业发展的最优选择，现代农业生态化发展遵循了农业自身生态特性，高度契合了中国生态文明建设和农业可持续发展的理念。

　　本书基于农业可持续发展理论、生态经济理论、技术创新理论、制度变迁理论、农地产权制度理论，结合兵团绿洲灌溉农业的独特资源禀赋及特殊的管理体制，从农业技术和农业制度层面分析兵团现代农业生态化发展现状及存在的问题，构建了农业技术与农业制度对现代农业生态化发展的影响机制和路径，采用DEA-SBM模型和熵值法，测评了兵团现代农业生态化发展水平，并分别实证检验了农业技术进步和农业制度发展对兵团现代农业生态化发展的影响，最后提出兵团现代农业生态化发展的相关建议。主要结论如下：①1999~2018年兵团农业生态效率整体下降，均值为0.780。农业生态效率损失主要是由各项农业投入和非期望产出冗余造成的。兵团农业生态效率变动中，相比农业纯技术效率和规模效率，农业技术进步对提高农业生态效率的贡献更大。②1999~2018年兵团现代农业生态化发展综合指数均值为0.614，总体呈下降趋势。根据现代农业生态化发展阶段评价标准，兵团现代农业生态化发展总体处于初步实现阶段。各子系统对兵团现代农业生态化发展的障碍度排序为资源条件>环境条件>经济条件>生态效率，反映了现代农业生态化发展中，关键要提高农业生态效率，解决资源利用低效率和生态环境负影响的问题。兵团现代农业生态化发展有一系列差异变化，离散程度不断变大，区域差异呈现扩大的趋势。③兵团13个师的现代生态化发展综合水平时序变化具有多样化特征，综合指数值基本分布在0.5~0.7。各师经济发展、资源利用和生态环境子系统指数之间有较大的差距，呈阶梯状分布，可划分为高生态效率强系统条件约束型和支撑型、中生态效率系统条件约束型、低生态效率多系统条件强约束型三种不同的类型，并就此针对性地提出各师现代农业生态化发展的差异化战略重点。④兵团农业技术进步与现代农业生态化发展存在非线性关系，农业技术主要通过技术溢出效应和学习扩散效应对现代农业生态化发展产生影响，但影响效应受到人力资本和农业经济发展水平制约。随着兵团人力资本水平的提高，农业技术进步与现代农业生态化发展之间存在倒"U"形关系；随着兵团农业经济发展水平的提高，农业技术进步对现代农业生态化发展的影响变化呈正"U"形。⑤兵团农地产权越明晰，产权结构越完整，越能激发职工生产经营的积极性，提高对农业可持续发展的投资，进而提高现代农业生态化发展综合水平。⑥兵团农业生产性服务发展水平对现代农业生态化发展的影响呈正"U"形，说明当农业生产性服务发展水平较低，未形成服务规模化经营时，对现代农业生态化发展具有负向作用。随着农业生产性服务组织技术创新能力、服务供给能力和资源整合能力的提高，有利于实现生态要素流通、资源集聚和资本深化，推动现代农业生态化发展。⑦兵团现代农业生态化发展中，在资源禀赋方面，兵团农业生态环境先天脆弱，生态资源总量严重不足；在生态环境方面，耕地肥力下降，水资源紧缺，农业污染排放和农业碳排放增多；在技术方面，还存在农业科技人才缺失、农业技术供需不匹配、生态性农业技术供给动力不足、缺少与生态性技术研发与应用相匹配的经济政策支持；在制度方面，兵团土地经营权流转方式、主体和承包面积都有限定，存在产权虚置的情况，兵团农业生产性服务水平低，涉及现代农业生态化发展的政策和法规操作性不强，生态产品市场供需动力不足，缺乏甄别标准，农产品质量体系不健全，认证体系和监管法律法规体系可操作性差。针对上述问题，主要从推进资源减量使用和循环使用、加强生态性农业技术的研发与推广应用、健全农业科研人才的培养与激励机制、加强政府的引导和支持、完善农地产权制度、规范现代农业生态化发展政策法规与标准、加快农业生产性服务业发展等方面提出推进兵团现代农业生态化发展的政策建议。

目　录

第一章 绪论

一、研究背景

半个多世纪以来,"石油农业"是现代农业发展的基本模式和主流趋势,通过大量消费石油,投入以石油为动力的农业机械和以石油为原料的化学品(王宝义,2018),大幅度地增加了农业产出。"石油农业"的贡献在于,在人口激增带来沉重的粮食生产负荷之下,能够提高劳动生产率、增加农业总产量、解决全球粮食紧缺问题。得益于"制度红利","石油农业"在我国快速发展及其所带来的农业经济效益是显而易见的,2017年,我国粮食总产量达到12358亿斤,2003~2017年,已实现连续十四年增产。但是,越来越多的证据表明,以无机能源为基础的"石油农业"体系,潜藏着能源危机、农业面源污染严重、农业碳排放减量压力增加、农业生产成本上升和农业资源利用效率下降等资源环境问题,典型表现有农药残留与污染、水体污染、土壤劣化(退化)、病虫草害增加、气候异常变化、农产品质量安全问题等一系列负面效应(左锋和曹明宏,2006)。2012年国务院印发的《全国现代农业发展规划(2011—2015年)》明确提出了我国现代农业发展过程中面临着自然灾害多发重发、农业生产成本不断上升、资源环境约束加剧等外部不确定性情况。"石油农业"过度的专业化,使农、林、牧、渔分离，各自独立经营，也切断了农业系统内的有机物质循环链，增加了资源消耗，不利于生态平衡。一些废弃物如畜禽粪等难以在农业系统内消化，又成为环境污染源。2010年国家统计局公布的《第一次全国污染源普查公报》指出我国农业污染源已成为第一大污染源，2019年，农业污染排放总量占污染排放总量的66%（兰婷，2019），每年有20%以上未能收回的农膜，直接影响农业耕地质量。2007年联合国政府间气候变化专门委员会（IPCC）发布的第四次评估报告中指出，农业生产是全球温室气体排放的第二大来源（秦大河等，2007），2012~2030年我国农业碳排放将快速增长，并远超过农业产出的增长速度，农业年均碳排放量将从2011年的1.60亿吨CO_2，增长到2030年末的3.57亿吨CO_2，增长了123%（魏玮等，2018），其中，化肥、农药、农膜等农用物资成为主要的碳源。总体而言，通过高消耗、高污染的生产方式片面追求产量和经济效益的"石油农业"已经不适合农业的可持续发展。无论从我国政策层面还是学术研究层面，对现代农业生态化发展的迫切需求均有迹可循，寻求一种节约能源、减少农业污染并保持生态平衡的农业发展方式，已经成为我国发展现代农业面临的新选择。

以我国有关农业生态方面的文件为划分标准，我国现代农业生态化发展经历了三个阶段。第一阶段为2005年以前，我国现代农业发展着重强调污染治理和推进生态农业试点建设工作，多在出台的防止污染、保护环境为主题的相关文件（包括1984年、1985年、1992年、1996年、1998年国务院印发）及党的十五大报告、"九五"计划中体现，2002年生态农业被写入《中华人民共和国农业法》，以立法的形式确立（王宝义，2018），在地方上，浙江省有关生态农业发展和研究相对前沿。第二阶段为2006~2014年，从我国2006~2014年中央一号文件中可以看出，现代农业生态化内涵得到拓展，重点发展资源节约型、环境友好型农业，重视生态技术在农业中的应用，推行农业可持续性长效机制。2014年中央经济工作会议提出"走产出高效、产品安全、资源节约、环境友好的现代农业发展道路"。第三阶段为2015年至今，国家已将现代农业生态化发展推向了最前端，也是我国现代农业转型的关键时期。"生态、绿色、低碳、环保、高效""化肥和农药零增长""技术、制度"已成为当前及未来现代农业发展的标签。

越往后发展，我国现代农业越要紧扣环境保护、资源节约、农产品安全、产出高效、可持续发展等主题，这几项主题均在"十三五"规划、《全国农业现代化规划（2016—2020 年）》以及 2015 年、2016 年中央一号文件中有所体现。2015年农业部发布的《全国农业可持续发展规划（2015—2030 年）》，在"两型"农业基础上，增加了生态保育型农业，进一步深化了现代农业生态化的内涵。2015 年我国明确提出到 2020 年化肥和农药实现零增长，农田氧化亚氮排放达到峰值。2016~2018 年中央一号文件、党的十九大、2019 年"两会"中多有涉及从农业供给侧结构性改革和乡村振兴视角提出的现代农业生态化发展方向和重点。显然，农业关乎国家食物安全、资源安全和生态安全，农业生态功能的发挥与其发展路径有着密切的联系，在推进现代农业发展及工业化进程中，农业既要发挥其产品贡献、市场贡献、要素贡献和外汇贡献的作用，又要充分发挥其改良环境、保护生态的作用。为此，我们提出以下问题：一是如何保障农产品有效供给和农产品质量安全；二是如何进一步提高农业经济效率和农业资源利用效率；三是如何阻止和改善自然资源耗竭和生态环境日益恶化的趋势。在此基础上，进一步需要思考：如果"绿色、生态、低碳"是现代农业高效持续发展的特征，相应的生态化路径或手段也能解决当前我国农业发展中所面临的问题，那么，现代农业生态化是什么？通过什么途径实现现代农业生态化发展？关键因素是如何影响现代农业生态化发展的？如果技术与制度是未来农业发展的标签，两者对现代农业生态化发展的作用是什么？这些都是当前需要去深入探讨的问题。

在我国西北干旱地区有一个创造了众多绿色奇迹的独特组织，一个在中国屯垦历史上和现代社会主义市场经济的发展过程中，都起到了不可忽视作用的经济实体——新疆生产建设兵团（以下简称兵团）。兵团既承担屯垦戍边、造福新疆维吾尔自治区（以下简称新疆）各族人民的任务，建立和发展农业也是其重要事业。兵团现代农业发展速度、农业组织化程度、农业科技进步贡献率、农业综合机械化率和高新节水灌溉在全国处于领先水平，农业具有人均耕地面积较大，农业生产高度统一，生产规模化、标准化和集约化等特点（王力，2013）。2016年兵团农业人均耕地面积是全国（0.228 公顷/人）的 5.5 倍；农业机械化水平达 93%，高出全国平均水平 35%；农业科技进步贡献率达到 60%，比全国高出

2.5%；现代农业技术如节水滴灌、地膜、农药、化肥、农机等投入品的广泛使用是兵团现代农业持续发展的关键和根本动力（齐晓辉，2011）。但兵团统计年鉴数据显示，兵团农业总产值持续上升的同时，农业劳动力数量总体下降，耕地播种面积增幅较小，农业中间消耗增幅较大，表明兵团农业单位劳动力和土地产出高，资本的生产率低，兵团农业发展是以高投入、高产出的增长模式为主（樊斌奇和朱磊，2006）。兵团农业属于绿洲农业的范畴，受其特殊的地理位置、自然环境，以及新疆地区经济、资源、市场等因素的影响，加上兵团长期以水土开发的外延式扩大生产模式为主，对生态环境构成较大压力（王玲和吕新，2010），生态环境脆弱，沙漠化和荒漠化、水资源紧缺、耕地盐碱化、农业面源污染、农业碳排放等矛盾更加突出，存在资源利用效率低下、生产成本增加、边际产出率下降等负面影响（齐晓辉，2011）。为了兵团现代农业的健康和可持续发展，更需要注重"生态化"发展，并将生态、环保、节约、高效和持续等理念融入兵团现代农业发展中。剖析现代农业生态化的内涵，研究其影响因素，探索其发展规律，对推进现代农业生态化具有重要的现实意义。

因此，围绕上述问题，本书以农业生态化发展的相关理论为基础，从农业技术和农业制度层面分析兵团现代农业生态化发展现状及存在的问题，构建了农业技术与农业制度对现代农业生态化发展的影响机制和路径，从"效率"视角和"综合"视角测评兵团现代农业生态化发展水平，并分别实证检验了农业技术进步和农业制度发展对现代农业生态化发展的影响，最后提出兵团现代农业生态化发展的相关建议。

二、研究意义

兵团地处祖国西北干旱地区，兵团农业建立在绿洲农业基础上，绿洲农业是一个经济、社会和生态的复合系统，经济和社会的发展是以绿洲农业生态系统为基础。兵团为响应国家提出的加快现代农业发展步伐的要求，通过建立农业现代化示范基地、节水灌溉基地、农业机械化示范基地等大力发展现代农业。目前，兵团农业机械化水平、农业现代化水平在全国处于领先地位，但高投入、高产出的生产方式所带来的生态负面影响日益凸显，导致农业生态条件日益恶化，现代农业发展中面临着生态脆弱、干旱缺水、农业面源污染、资源能源短缺和农业碳排放等问题，无法实现生态、经济与社会效益的统一。推进现代农业生态化发展可以有效协调农业发展与资源环境的关系，促进农业高质量发展转型，保护生态资源环境，保障农产品质量安全，实现农业可持续发展。本书对兵团现代农业生态化发展进行研究，以生态学理论为指导，以生态化的现代科学技术为支撑，以制度创新为保障，走出一条现代化与生态和谐并进的生态化之路，不仅可以解决兵团现代农业发展困境，加速推进和提高兵团农业现代化水平，还为我国现代农业走集约化、规模化、生态化、标准化、低碳化的高效、持续发展道路提供有效借鉴，因此研究兵团现代农业生态化发展有着重要的理论和实践意义。

（一）理论意义

本书通过对现代农业生态化发展现状及影响机制进行分析，测评现代农业生态化发展水平，探讨技术与制度两方面对现代农业生态化发展的作用，提出兵团现代农业生态化发展的思路，解决兵团现代农业自身发展局限，进一步丰富现代农业生态化领域的理论研究。此外，研究兵团这一特殊体制下的现代农业生态化，是已有相关生态经济理论在农垦经济体制下的拓展，为后续有关现代农业生态化评价研究提供新的思路，为现代农业如何更好地发展提供理论借鉴与依据。

（二）实践意义

本书有助于了解兵团现代农业生态化发展的现实状况、问题与局限、影响因素、农业生态效率及生态化发展综合水平的演变趋势、区域差异等方面的基本情况，有助于深入挖掘兵团现代农业生态化发展的制约因素，明晰发展动力和趋势。一方面，有助于政府部门科学指导新时期兵团现代农业发展实践；另一方面，有助于团场职工和相关利益主体从实际出发，积极发展切合实际的、持续的、高效的农业，达到生态、经济、社会效益的多赢，间接促进兵团工业化和城镇化水平的逐步提高，进而实现农业"后现代化"。此外，以我国农业现代化水平最高的兵团为研究对象，能为我国其他省份和地区在发展现代农业时提供一个实践参考。

三、拟解决的问题

本书主要解决以下问题：什么是现代农业生态化？现代农业生态化的影响因素有哪些？兵团现代农业生态化发展的现实情况如何？如何测评现代农业生态化？技术与制度作为现代农业生态化发展中的两个重要因素对生态化的影响是什么？如何通过技术与制度及其他影响因素，更快推进现代农业生态化发展？

（一）现代农业生态化的界定

由于目前学术界关于生态产业化、产业生态化、城市生态化、工业生态化等方面的界定较多，有关现代农业生态化的界定没有统一的标准和共识，因此，需梳理总结国内外文献资料，科学与精准地界定现代农业生态化，这将需要花费大量的时间和精力，所以本书在研究的过程中需要加大该方面的研究力度。

（二）现代农业生态化发展水平的测算

分别从经济效率及综合水平两方面层层推进和测评现代农业生态化发展水平，构建科学可行的指标和模型，分析把握现代农业生态化发展趋势、效率损失原因、障碍度、区域差异等，力求平衡农业发展与生态资源环境间的关系，并为制定差异化发展战略提供依据。

（三）技术与制度与现代农业生态化发展的关系

本书拟通过实地调研与理论分析相结合，从现实资料出发，分析农业技术的供需情况，再通过构建门槛模型探讨农业技术进步对现代农业生态化发展的作用。从产权结构不完整的理论假设并结合兵团实际，分析农业经济体制对现代农业生态化发展的影响；主要通过分析农业生产性服务与现代农业生态化发展间的关系，分析农业经营体制对现代农业生态化发展的影响。

四、文献综述

（一）农业生态化的内涵与界定

1. 从过程角度出发

李修远（2001）提出现代农业生态化过程是农业市场化的过程。方淑荣等（2010）认为现代农业生态化发展是一种过程，生态化发展不仅是强调农业要素的"关系"，还是"和谐""适应"与"综合"，更是一种发展与动态演化过程，是人与生物同自然环境之间的整合过程。石磊（2012）提出土壤与农民是农业发展中的重要因素，现代农业生态化发展可以产生可观的经济效应，现代农业生态化发展的过程本身也是对人与自然的关系重新认识的过程，是农民生态意识不断提升、环保观念不断强化的过程，不仅是兼顾个人短期利益与经济利益，还是兼顾公共利益与生态利益的过程。陈美球等（2012）认为人与自然的和谐共荣就是生态化的思维，所以，"生态化"是一个动态过程，是一种趋势和方向（Huber，2000），也是一种促进生态效益、经济效益、社会效益的相互统一的发展过程。王宝义（2018）认为现代农业生态化是生态发展理念在农业生产中的扩散过程，并包含生态型农业的发展和石油农业模式生态倾向的改进两部分内容。

2. 从产业角度出发

戴锦（2004）在其研究中，提到了产业生态化主要分为工业生态化、现代农业生态化、环保产业三个方面，显然，现代农业生态化是从属于产业生态化范畴。伍国勇（2014）、王宝义（2018）在其分析中也得出类似观点，从产业发展角度定义"生态化"，认为现代农业生态化是产业生态化在农业领域的引申和拓展，是一种产业发展的趋势，且利于生态的一般趋势，如农业生产中的资源节约、减肥减药、生态保育等，也是一种高质量的发展组织模式。潘润泽等（2006）认为现代农业生态化是生态产业化的基础，生态产业化是推进现代农业生态化发展的保障，提出走现代农业生态化发展之路，需大力发展生态农业、生态旅游、观光农业等，强调农业产业的生态化，并通过优化产业结构、引进与转化高新实用技术、培育生态产业发展推进现代农业生态化发展。林锦彬（2014）在研究中侧重于农业生产环节的生态化发展，立足于农产品种植生产、加工或流通领域，用生态理论系统规划和合理组织农业生产，生产过程必须是零污染或者少污染，将生态环保意识和种植理念带入市场及农户中，并建立一体化利益机制和经营机制。

3. 从系统角度出发

牛爽（2010）、秦守勤（2013）提出现代农业生态化发展是一项庞大而复杂的系统工程，涉及农林牧副渔、市场财税科教、产前中等各方面。现代农业生态化是指把农业系统视为生物圈的一分子，根据原料的循环、生物和农业共生原理，建立闭合的农业生产链，实现不同农业业态之间，甚至农业与工业之间，能量、物质的闭合循环，也就是要构建"资源—产品—废弃物—再资源化"的反馈式循环路径，合理优化农业生态系统，建设效率更优、污染更少的农业体系（席鹭军，2015）。张卫国（2014）认为现代农业的生态化发展是内涵式生态一体化的发展方式，是系统地考虑农业的经济、环保、文化和社会等多重价值，以及农业食品保障、原料供给、就业增收、生态保护、观光休闲、文化传承等多维功能，由"科、文、经、社"等社会的多元生态质量机制结合起来的系统（Hart，1997）。姜保雨（2014）指出应在遵从生态学原理、符合生态经济发展规律的前提下，结合本地实际进行调整或设计，系统管理农业生产和农村经济发展，协调可持续发展、环境保护和资源利用间的矛盾，最终达到社会、经济、生态三大效益的统一。田昕加（2011）、博利平（2013）则在林业产业生态化研究中提及林业产业生态化模式是一个由多重要素组成的开放、动态的系统，包括生态化过程的各项影响因子和上中游相关的经济与产业系统，应该是一个"资源—产品—再生资源"的循环体系，也是一个循环渐进的过程。从循环经济的角度构建评价体系及从政策法律的角度构建有效的战略支持体系，为生态化发展提供制度保障。王洪龙（2014）认为现代农业生态化应该包含农业资源充足、农业环境安全、农业物质循环平衡及农业产品质量安全内容。此外，王静和尉元明（2006）在其研究中提到现代农业生态化发展就是要保持农业生态系统健康，具有良好的生态环境、健康的农业生物、合理的时空结构、清洁的生产方式，以及具有适度的生物多样性和持续农业生产力的一种系统状态或动态过程。

4. 从发展模式角度出发

现代农业生态化是一种发展战略选择，是经济社会发展到一定程度的一个动态的历史进程，核心策略就是应用生态学原理设计和管理农业系统，以生态型农业技术和配套的制度为保障，是农业发展的高级形态（陆根尧等，2012）。伍国勇（2014）、王宝义（2018）在其研究中也强调了现代农业生态化是产业发展模式。林锦彬等（2013）指出现代农业生态化就是要在当代资源和环境的约束下，借鉴传统农业在保持土壤肥力经久不衰方面的经验，构建基于传统现代农业生态化实践的多层次、高水平农业循环经济的现代农业生态管理模式。赵晔（2017）在分析中提出现代农业生态化发展具有综合性、持续性、高效性、多样性的特征，是尽可能有效地对农业资源进行合理使用，运用先进的农业技术因地制宜地利用区域生态资源，促进精耕细作的集约型发展模式。

（二）农业生态化水平评价研究

如前所述，现代农业生态化、产业生态化、农业可持续发展及农业生态文明等研究侧重点不同，但宗旨是相通的，所以，有关评价指标体系和研究方法可为本书现代农业生态化的评价提供借鉴。袁增伟等（2004）为了衡量产业生态化水平，从产业经济、社会和环境效益最大化的角度构建了生态产业指标体系。陆根尧等（2012）认为国外对于产业生态化的评价主要包括运用生态效率分析、物质流能量流分析和构建综合评价指标体系等方法进行分析，而其从经济社会发展水平、生态保护水平、资源消耗水平、污染排放水平和资源循环利用水平五个方面构建了18个具体指标，运用主成分分析法、因子分析法及聚类分析方法对我国产业生态化水平进行了静态分析与动态分析，并探讨了各地区产业生态化水平的特点、形成原因及其影响。牛敏杰（2016）、赵俊伟等（2017）从经济发展、资源利用、生态环境和社会科技构建农业生态文明水平评价指标体系，采用层次分析法和德尔菲法计算指标权重，通过综合评价模型计算出农业生态文明水平指数。洪雅芳等（2017）从农业资源子系统、农业生态环境子系统、农业社会经济子系统构建农业可持续发展水平指标体系，而贾晶晶和张小红（2018）、赵丹丹等（2018）在分析中所构建的指标体系更全面，包括人口系统、社会系统、经济系统、资源系统、环境系统五个子系统。

林锦彬等（2013）以大田县为例，分析大田县现代农业生态化存在的问题，并针对存在的问题构建评价指标体系，包括资源减量水平、农业与社会发展、农业内部生态化、污染减排水平，再运用层次分析法（AHP）确定区划指标的权重，结合加权综合评判方法，得出大田县现代农业生态化综合指数。林锦彬（2014）、刘飞翔和林锦彬（2015）同样采取该方法和类似的指标体系重点测评福建省现代农业生态化发展水平。林锦彬（2014）还采用耦合模型，选取化肥投入密度、农药投入密度、畜禽粪尿排泄密度、绿肥生产量和农林牧渔业增加值指标，对农业经济增长与农业生态环境质量的动态耦合关系进行分析。陈美球等（2012）提出生态效益也是生态化的内容，生态效益评价是生态化水平评价的一个组成内容。林锦彬等（2017）在研究中也提出农业生态效率是衡量一个地区现代农业生态化发展水平的重要定量化指标，作为抵抗高危生态风险的决策方向之一，从环境、资源、经济发展水平三个方面构建农业生态效率评价指标体系，采用DEA数据包络法对2005~2014年中国31个省区农业生态效率进行比较分析，利用ESDA对中国农业生态效率进行全局和局部自相关分析。

王宝义（2017，2018）对现代农业生态化的理解脉络较为清晰，在该方面的研究也由浅入深。他强调现代农业生态化发展要遵循"市场机制"和"生态机制"，平衡资源投入、农业产出、生态影响三者关系。最初以化肥、农药、农膜三大化学制品投入强度表征现代农业生态化发展水平和时空差异，之后其在另外一文中，以农业生态效率作为衡量现代农业生态化水平的基本指标，分别选取了劳动力投入、土地投入、化肥投入、农药投入、农膜投入、农业机械化动力投入、灌溉投入和役畜投入共八个投入指标，农业总产值、碳排放、污染排放共三个产出指标，采用 DEA-SBM 模型测评农业生态效率及区域差异。之后又在农业生态效率测评基础上考虑经济、资源与环境条件在现代农业生态化发展中的支撑约束作用，并将这三方面纳入评价指标体系中，主要采取 DEA-SBM 模型及熵值法测评现代农业生态化发展综合水平。胡琴（2019）运用 SBM 模型测算评价了2007~2016 年四川省 18 个地级市现代农业生态化发展效率，选取生态和经济两种效益构成四川省现代农业生态化发展的总效益，其中投入指标为化肥施用量、农业机械总动力、有效灌溉面积、农业固定资产投资额、农业从业人数，产出指标为农业碳排放量和农业总产值。

（三）农业生态化的影响因素分析

李修远（2001）提到西部现代农业生态化进程刚起步，自然环境、农业资金、农业技术、农业产业化发展以及政府职能均是影响现代农业生态化发展的因素。钟道军（2017）在分析中提出资源配置不合理、能源消耗量大、生产力布局重复也是影响产业生态化发展的重要因素。赵晔（2017）在研究中提到，除了前述因素外，经济结构、科学技术和主体认知都是重要的影响因素。王宝义（2018）从发展机遇和发展条件、内外部制约因素分析了现代农业生态化发展的影响因素，其中生态发展的现实诉求、有关生态发展的政策推出、城乡居民消费结构的改变、现有的产出水平和技术条件的支撑将促进现代农业生态化发展，而较高的机会成本、生态产品的较高价格、需求拉低不足、制度体系不完善及土地和劳动资源的相对不足等将制约现代农业生态化发展。于法稳（2018）研究我国农业绿色发展动机时也提及了相关点。

基于现有文献可知，在现代农业生态化发展的影响因素中，大部分学者着重提出技术与制度对现代农业生态化发展的重要作用与影响，这两个因子将是突破现代农业生态化发展瓶颈（困境）的关键，并认为现代农业发展中存在诸多生态环境问题与此相关。戴锦（2004）提出石油农业带来农业生态环境问题的原因是农业相关制度的缺失或执法不严；林文雄和陈婷（2019）指出存在农业资源使用故意逃避或没有意识将环境要素成本的投入核算进生产成本中，以成本外摊形式来提高环境容量的使用效率，会加大牺牲环境的代价。郭永奇和张红丽（2018）指出制度缺失会在一定程度上影响职工的土地使用权、处分权和收益权的有效运用，土地产权的残缺使之成为影响生态环境问题的一个主要原因。席鹭军（2015）在分析中提到农业科技创新动力不足，很难提高农业的竞争力，不可避免陷入经济效益差和污染严重的困境。

（四）农业生态化发展路径研究

农业生态化发展路径方面的研究成果较丰富，国内学者对现代农业生态化的研究多从现状、问题及发展对策、思路、战略出发。林丽芳（2003）在讨论各种生态建设模式的基础上，探讨适合我国国情的具有较强可操作性的现代农业生态化战略模式。通过生态示范县农业建设、生态农业示范区建设、生态农业产业化、高新农业综合技术推广、都市生态农业建设、生态农业旅游建设几个方面构建现代农业生态化战略。宋圭武（2017）建议建立综合效益的产业效益考核标准、发挥农业标准示范主体的作用、现代农业生态化建设的政策与措施的落地。金书勤（2018）、何秀荣（2018）提出控制农业产前、产中、产后全产业链推进农业绿色发展。戴锦（2004）、邹君（2005）提出区域农业产业化、生态化发展初步构想，从技术体系、经营层面、政府管理、制度体系及文化层面入手，建立生态化的管理和服务机制、生态化的制度体系、生态技术的研发和普及应用机制以及生态文化。高红（2012）、付东鹏和关胜侠（2013）、柳玉和李国锋（2018）在研究中同样提到了生态友好型技术及与之相匹配的生态友好型制度及政策、发展观转变的重要性。谢正观等（2013）认为农业发展生态化需要结合实际技术。毛明芳（2019）提出技术生态化中，技术主体应具备生态意识、技术项目和设计开发等全过程的生态化、政治和法律体制应进行生态化导向改革。杨培源（2011）还从人才培养和社会化、市场化等方面，提出超越传统农业的多层次、高水平的现代农业生态化发展的设想。秦守勤（2013）探讨了现代农业生态化立法问题，包括立法理念、立法技术、法律体系、配套制度、法律的政策属性研究，并提出完善对策。除了前述几方面，何秀荣（2018）还提出了要突出绿色和生态的意识和观念、提高农业发展质量。周红果（2011）、张南（2013）提出将大地伦理思想资源和"天人合一、人与自然和谐发展"的方法论，融入农业生态发展的思路。胡琴（2019）认为需优化产业布局，探索低碳循环发展模式。韩德胜（2009）提出转变策略，包括农牧业生产方式向种养结合转变、畜牧禽业饲养方式向生态化转变和农牧业生产技术向自主创新转变的发展战略。伍国勇（2014）、张文洲（2015）基于超循环经济理论，分别探讨了现代农业生态化发展现状、问题、障碍、发展路径形成的系统机理、演化阶段、利益主体的影响行为、发展路径的目标模式及保障体系，提出促进现代农业生态化发展的思路和对策。王宝义和国艳秋（2017）从农业区域结构、农业产业结构调整、进出口替代战略、农资的绿色替代战略、充分挖掘资源禀赋、实行区域特色发展战略、制定区域现代农业生态化发展战略等方面推进现代农业生态化发展。林文雄和陈婷（2019）提出了差异化发展思路，认为现代农业生态化发展应根据自然资源禀赋和环境状况的实际，选择与之相适应的发展路径。

（五）研究评述

为了充分了解现代农业生态化的研究现状和进展，本书以"生态化、产业生态化、现代农业生态化、农业绿色化、低碳化、农业可持续、农业生态文明、农业生态效率"等关键词开展文献搜索工作，对相关主要文献进行梳理与总结，从既有的文献来看，有关现代农业生态化研究存在以下几方面特点：

第一，紧扣现代农业生态化的研究较少，仅林锦彬、刘飞翔、伍国勇及王宝义对现代农业生态化相关主题研究较集中，缺乏系统性、整体性和可持续性的研究。运用中国知网平台，用"现代农业生态化"关键词精确搜索，搜索时间是2019年11月16日，期刊论文有55篇，其中，题目中有现代农业生态化的有19篇，核心期刊有6篇，硕士论文有11篇，博士论文有2篇；从基金分布来看，受国家社科基金资助文献3篇，河南省软科学研究计划2篇，陕西省教委基金资助1篇，其余成果则无基金资助。不同年份现代农业生态化的文章分布情况如图1-1所示。由此可知，国内现代农业生态化发展的研究基础薄弱，研究起步较晚，研究层次与深度还需提高，应加强研究基地和核心团队的力量。

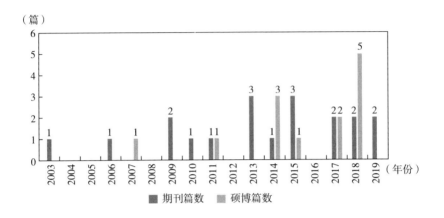

图1-1　不同年份现代农业生态化的文章分布情况

资料来源：笔者整理。

第二，对比产业生态化与现代农业生态化研究情况，有关产业生态化的研究成果颇多，研究视角及内容更成熟，而现代农业生态化的研究视角与研究域面太窄。学者集中于中国、某县域及某生态区的现代农业生态化现状、问题、影响因素、评价、时空差异及发展思路（策略）展开研究。各自所运用的理论基础、选取的样本数据、评价方法及指标均存在差异，可谓众说纷纭，以至于对现代农业生态化的界定和认识缺乏清晰和系统的阐述，我国有部分学者常混淆了现代农业生态化与生态农业两者概念。现代农业生态化水平的评价体系没有形成统一的标准，这也是目前该方面研究中存在的问题，我们可以做的就是在原基础上不断进行改进与完善，深化现代农业生态化有关方面的研究，拓宽研究视角与充实研究理论基础，更系统与整体地开展研究工作。

第三，从众多文献中可知，农业技术与农业制度将会成为现代农业生态化发展中两个重要的板块，并提出理论性的阐述，但并没有学者深入论证两者对现代农业生态化发展的具体影响，因此，也为本书提供了写作思路。

五、研究内容及技术路线

（一）研究内容

本书共分为八章：

第一章是绪论。对本书研究背景、研究问题、研究意义进行论述，在对已有文献研究梳理总结的基础上，找出自己的研究方法和视角，安排文章的逻辑结构、行文思路、研究内容及创新点。

第二章是相关概念及理论基础。本章分别对现代农业、生态化以及现代农业生态化的概念进行界定，提出了现代农业生态化的目标、特征及内容，确定了本书的研究范围。借鉴了农业可持续发展理论、生态经济理论、技术创新理论、制度变迁理论以及农地产权制度理论，为本书奠定了坚实的理论基础。

第三章是兵团现代农业生态化发展现状与影响机制分析。本章从技术和制度层面分析了兵团现代农业的现状，并就存在的问题展开分析，从技术进步和制度发展两个方面构建了现代农业的影响机制和路径。

第四章是兵团现代农业生态化发展的评价分析。本章分别采用 DEA-SBM 模型和熵值法，对兵团农业生态效率和现代农业生态化发展综合水平进行测评，进一步深入分析农业生态效率损失结构及变动趋势、现代农业生态化发展的障碍度和区域差异等，全面了解兵团现代农业生态化发展水平和系统间存在的问题。

第五章是农业技术进步对兵团现代农业生态化发展的影响分析。本章采用门槛面板模型，选择人力资本和农业经济发展水平作为门槛变量，深入探讨了不同人力资本储备和农业发展阶段背景下，农业技术进步对兵团现代农业生态化的影响效果。

第六章是农业制度发展对兵团现代农业生态化发展的影响分析。本章从农业经济体制和农业经营体制展开分析，构建了农业经营制度对现代农业生态化影响的理论框架，并实证检验了农业经营制度对兵团现代农业生态化的影响。

第七章是兵团农业生态化发展的政策建议。本章从推进资源减量使用和循环使用、构建现代农业生态化发展的技术体系、完善现代农业生态化发展的制度体系三个方面提出了政策建议。

第八章是研究结论及研究展望。本章对全书的主要结论进行总结，并对未来现代农业生态化发展进行了展望。

（二）技术路线

本书以兵团现代农业生态化发展的评价、技术与制度对现代农业生态化发展影响分析为重点，同时结合多方面问题的研究，提出现代农业生态化发展推进策略。研究的基本思路为"理论借鉴→现状与影响机制分析→现代农业生态化发展综合评价分析→农业技术对现代农业生态化发展影响的实证检验→农业制度对现代农业生态化发展影响的实证检验→现代农业生态化发展的政策建议"。研究技术路线如图1-2所示。

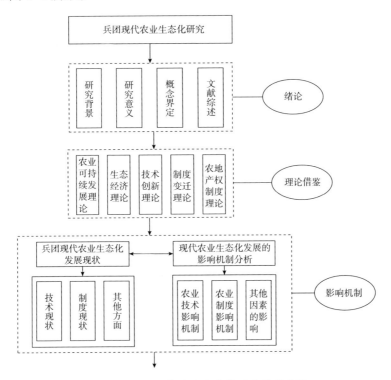

图1-2 兵团现代农业生态化研究技术路线

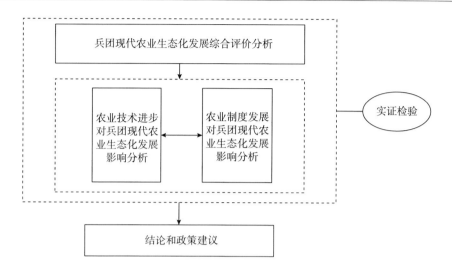

图 1-2 兵团现代农业生态化研究技术路线（续图）

资料来源：笔者整理。

六、研究方法

根据研究内容，本书采用定量和定性分析相结合的研究方法，扬长避短，以求达到对研究问题的全面、深入研究。采用的研究方法和使用工具如下：

（一）文献研究法

通过线上和线下相结合的方式广泛获取有关现代农业生态化发展的相关资料，如运用百度、中国知网、亚马逊、谷歌学术、深圳图书馆及石河子大学图书馆等获取有关新闻报道、统计资料、期刊论文、硕博论文及学术论著等材料，厘清现代农业生态化有关文献，清晰地了解现代农业生态化发展的一般情况，掌握有关研究视角、研究重点与核心、研究动态及现代农业未来发展趋势，为本书写作奠定理论基础。

（二）调查研究法

为了更好地了解兵团现代农业生态化发展现实及存在的问题，特别是对农业生产情况、生态型技术供需情况和团场改革后的农业发展变化等方面，采取到团到户到企业的途径，对兵团第五、第六、第八、第十师等进行访谈座谈、实地调研和问卷调查，为本书的撰写获取第一手资料。

（三）综合分析相结合

在对现代农业生态化的测评板块中，从经济效率的角度和综合发展水平的角度测评兵团现代农业生态化发展水平，分别对兵团农业生态效率及现代农业生态化发展综合水平进行对比分析。

（四）数理统计与经济计量分析方法相结合

在对现代农业生态化发展测评中，采用了数据包络分析中的非期望产出模型（DEA-SBM 模型），从效率的角度测评兵团及各师的农业生态效率，分析其时序变化、效率损失结构；运用 Malmquist 指数分析农业生态效率的变动趋势；采用熵值法及加权算术平均综合评价模型，计算出现代农业生态化发展综合水平；采用障碍度模型诊断出现代农业生态化发展的主要障碍因素；运用基尼系数、对数离差均值和泰尔指数以及收敛模型分析现代农业生态化发展水平的区域差异；采用门槛模型和偏效应分析农业技术进步对现代农业生态化发展的非线性影响等。

七、创新点及不足

（一）创新点

第一，研究视角创新。我国学者更多关注全国和东部、中部地区的农业生态、绿色和低碳发展，缺少对西北地区的现代农业生态化发展研究，其中关于兵团的研究更是凤毛麟角，本书以兵团现代农业为研究对象，探讨农垦体制下现代农业生态化该如何发展，将为我国西北地区现代农业发展提供理论与实践依据。

第二，本书分别从技术进步和制度发展两个方面构建了现代农业生态化的影响机制，分别探讨了农业技术进步对现代农业生态化的线性和非线性影响机制，并从产权明晰化和经营规模化层面构建了制度发展对现代农业生态化的影响机制，也是本书的创新点之一。

第三，对现代农业生态化的深入研究最近几年才兴起，但对现代农业生态化测评众说纷纭。本书的创新点在于不仅考虑农业生态效率，还考虑经济条件、资源条件和环境条件在现代农业生态化发展中的支撑与约束作用，将四者结合起来评价现代农业生态化发展综合水平，并依据现代农业生态化发展综合水平测算结果，对现代农业生态化发展阶段进行了判别。

（二）不足之处

本书还存在以下不足之处：第一，部分指标数据搜集困难，不得不剔除或采取替代指标，部分数据从其他学者研究成果或新闻网页中寻得，可能与现实存在一定的误差。第二，本书主要从宏观层面去研究兵团现代农业生态化相关问题，包括对影响因素、现代农业生态化发展的测评、技术和制度对现代农业生态化发展的影响效应等问题的分析，但未能深入探讨职工、农业企业、合作社等主体在选择和运用生态技术时的行为，以及没有对比分析激励政策与惩罚政策对现代农业生态化发展的影响与作用，以致于现有分析结果具有一定的局限性。第三，由于理论基础有所欠缺，可能会存在分析不透彻，后期有待加深和提高。

第二章 相关概念及理论基础

一、相关概念的界定与说明

（一）现代农业

现代农业相对于传统农业而言，按农业生产力性质和水平划分，是农业最新阶段和最具先进水平的形态，发展中广泛应用现代科学技术、现代工业生产资料、科学管理方法（卢良恕，2000；林培章，2010）。我国在 19 世纪末 20 世纪初就对现代农业有所研究，现有的研究各有侧重，从现代农业的目标、产业体系、实现途径、条件、特点以及政府在现代农业中的作用等不同的视角，比较全面地阐述了现代农业的实质，但对现代农业内涵界定并未达成共识。柯炳生（2000）认为现代农业是通过高投入追求高产出的产业。孔祥智和李圣军（2007）把现代农业定义为充分利用现代生产要素的农业，特征就是生产要素使用方式的机械化与现代化。直至 2007 年中央一号文件从现代农业的基本要求和实现途径的角度概括了现代农业的内涵，提出："要用现代物质条件装备农业，用现代科学技术改造农业，用现代产业体系提升农业，用现代经营形式推进农业，用现代发展理念引领农业，用培养新型农民发展农业，提高农业水利化、机械化和信息化水平，提高土地产出率、资源利用率和农业劳动生产率，提高农业素质、效益和竞争力。"从一定意义上理解，现代农业以先进的农业生产技术和生产设备为主要特征（肖化柱，2017），要具备现代物质技术装备，应用现代科技，形成产业体系，实行现代市场化经营，由高素质农民经营，农业生产效率得到极大提升。

现代农业是以商品化为特征，以科学化为核心，以集约化为方向，以产业化为目标（卢良恕和孙君茂，2007；张文庆，2015）。耿献辉（2009）在其博士论文《中国涉农产业：结构、关联与发展——基于国际比较视角的投入产出分析》中指出，第一次工业革命和第二次工业革命以后，人们对现代农业的理解也仅仅表象化为机械化、电气化、水利化等；第三次工业革命和第一次绿色革命后，由于科学技术广泛应用到农业的发展之中，尤其是优良动植物品种、高产栽培技术等的普及与推广应用和化学肥料、化学农药、兽药等化学物品的广泛使用，"良种化""化学化"已经成了现代农业的两个最主要的标志，科学化、技术化、专业化、集约化、服务社会化等"五化"已经成为现代农业新的内涵。学者李军（2012）在研究中提及，在新技术和新观念的推动下，现代农业发展已经不再局限于以往的经营方式、生产模式，发展目标及趋势均有变化。以化肥、农药、农膜、机械等要素的高投入换来高产出的现代农业，除了大量消耗有限资源和能源外，还带来了水土流失、农业面源污染、农业碳排放增多、生态环境严重破坏、农产品质量安全等问题，不得不引起我们对现代农业发展的思考。肖化柱（2017）提出现代农业强化传统农业的基本职能、提升农民收入和促进农业生态保护。相比传统农业，现代农业的内涵更广，功能更多元，不仅有高产出、高生产效率，还能维持生态，提供绿色景观，与二、三产业紧密联系，具有更完整的产业链。基于农业发展现实，本书认为既区别于传统农业，又是现代农业的未来趋势和实质有四个：①"生态化、绿色化、低碳化、循环化"等概念将融入现代农业发展中，特别是"生态化"将是现代农业发展未来趋势的核心关键词；②现代农业发展的目标仍然会紧紧围绕"可持续发展"五个字，以最小的投入实现最大的可持续发展，所以，平衡好农业发展中的要素投入与产出、效率与经济、生态和社会效益也很关键，在保障农产品有效供给前提下，实现农产品质量安全、农业生态环境健康、资源节约与再生是现代农业发展的基本要求；③现代农业发展影响因素较多，农业技术与农业制度依旧会是现代农业发展中的最关键因素；④现代农业发展中无论经营方式、经营模式、产业组织形态，还是所采用的技术及目标等将会随着不同阶段的需求而进行调整。

（二）生态化

1. 生态化

目前学者多是结合生态学原理和各产业经济活动对生态化（Ecologization）进行界定（陈美球等，2012），如城市生态化、产业生态化、政治生态化、技术生态化、制度生态化等。其中，对生态化的理解主要有以下几种观点：①生态化是人类社会—经济—自然复合生态系统整体协调、稳定有序的演进过程（方创琳，2011）。方淑荣等（2010）认为生态化是一种过程，是人与生物同自然环境之间的整合过程。陈美球等（2012）也指出生态化是一个动态过程，是一种趋势和方向，是一个渐进过程。王宝义（2018）提出狭义上生态化发展是具体模式的发展过程，如生态农业发展过程。②生态化是兼顾人口、社会、经济、环境与资源的可持续发展模式，注重复合生态整体效益（方创琳，2011）。戴锦（2004）、陈殊（2008）指出当我们提到"某某化"时，是指某种方式超出原来的界限向其他领域的延伸并由此形成某种趋势或发展模式。伍国勇（2014）认为从社会发展角度来看，生态化本质是一种社会实践方式；从经济发展角度而言，生态化本质是一种发展模式，要求产业发展过程中依托生态发展理念，形成生态化的发展模式。厉无畏（2002）认为生态化是人类构筑经济社会与自然界和谐发展、实现良性循环的新型产业模式，是产业发展的高级形态。③生态化是生态学范式的泛化，中国人民大学欧阳志远教授指出生态化实际上是生态学化，简称生态化。"范式"即常规科学所赖以运作的理论基础和实践规范，共同需要遵从的世界观和行为方式（刘金海，2018）。所以，生态化是一种在可持续发展的背景下提出，人类社会经济活动中的基本原则、理念、思维方式，是生态学方法、发展理念及其价值观念向社会生活各个层面的扩展与应用（陈美球等，2012）。综上，本书认为生态化的本质是如何通过生态学范式促进可持续发展，也是可持续发展进程中的一个重要特征。生态化是一个动态发展的过程，是一种产业的发展趋势、方式及模式，目的在于解决现有产业生产发展过程中带来的"非生态"现象和问题，把人与环境的对立关系转化为长期共处一体的和谐关系。

2. 产业生态化

刘则渊开创了我国产业生态化研究先河，将产业生态学应用到各经济发展领域中，逐渐演变成产业生态化这一理论（钟道军，2017）。有的学者对产业生态化的理解从目的、过程、系统、实现路径等角度界定。厉无畏（2002）认为产业生态化是一个循环经济系统，系统中的不同主体间的关系就像一个自然生态链的关系，将有机循环原理应用于其中，目的就是减少废物产生、资源与物质的循环利用、消除环境破坏及提高经济发展规模和质量。郭守前（2002）提出产业生态化的本质是产品来源到终止的全过程生态化（指产品产前、产中、产后到消费和废弃物循环利用再到企业文化整个生命周期）。他还提出产业生态化创新内容包括技术生态化（包括工程、工艺、设计、技术和设备等方面）、绿色制度创新（生态生产模式创新、生态产品开发模式创新和生态消费模式创新三种模式）、绿色企业文化营造等。从系统的角度去定义产业生态化的研究较多，刘则渊和代锦（1994）认为产业生态化是把产业生产活动置于"人口—资源—环境—经济—社会"这个大的生态系统中，包括产业活动中的能源物质交换和对自然资源消耗、对环境的影响均在该系统中进行，实现大生态系统的良性循环与持续发展（王晶和孔凡斌，2012）。部分学者（何景熙，1998；黄志斌、王晓华，2000；李树，2000；李双应，2001；袁增伟，2004；孟书敏，2006；王晶，2012）对产业生态化的理解同刘则渊和代锦的观点类似，另外还强调通过重组和调整产业结构（如建立资源节约型的产业结构体系、绿色供应链）、应用现代生态技术改造（如推广清洁生产、资源节约型生产技术、废物再利用和环境设计）、倡导绿色环保消费等措施来实现产业生态化，保证生态环境不受破坏、资源循环利用的前提下，实现自然、经济、生态和社会的可持续发展，实现经济—社会系统中的总供给与总需求以及自然总供给与人类总需求的平衡，并认为产业生态化是发展模式和技术范式，发展中涉及运行效率、资源配置效率及技术效率的问题（王晶和孔凡斌，2012）。

综上，产业生态化狭义上是指构建模仿自然生态循环的产业系统（陆根尧等，2012），广义上是基于产业发展现实，将生态经济学、可持续发展等理论运用到产业全过程，遵循产业发展规律，利用生态化技术与制度、调整产业结构、循环利用资源与要素等，推进产业活动与生态环境系统的协调发展，减少环境污染与排放，提高资源利用与配置效率，提高产业运行效率，实现经济效益、生态效益与社会效益的统一（王宝义，2018）。

(三) 现代农业生态化

1. 现代农业生态化的界定与说明

在文献综述部分对现代农业生态化内涵与界定可知，各学者从过程、产业、系统及发展模式的视角，从宏观及微观层面定义现代农业生态化，但未形成统一观点。基于各学者对生态化、产业生态化和现代农业生态化的相关研究思路，本书对现代农业生态化定义时有几点考虑：

第一，本书是基于宏观层面、大农业及农业可持续发展背景下的现代农业生态化研究。现代农业生态化属于产业生态化范畴，是产业生态化理论在农业领域的延伸（王宝义，2018），是现代农业发展的更高级的形态和农业未来发展方向（陆根尧等，2012），所以，需遵循"整体、系统、协调、高效、安全、质量和生态"的原则，注重生态学原理和方法的应用，遵循生态经济发展规律，设计和管理农业系统。

第二，现代农业生态化发展是解决石油农业发展弊端所产生的"逆生态"问题，是对石油农业生态性的改进与升级（王宝义，2018），在揭露和批判石油农业的弊端或带来的问题时，我们也肯定石油农业所带来的进步性，并吸收利用石油农业中的有利要素，发展符合现实需求的现代农业。现代农业生态化发展既是一种发展战略选择，又是一种现代农业发展手段，强调人与自然和谐共生，自然、生态、经济和社会的协调发展，所以要发展有利于保护和改善生态环境、保障生态健康发展和资源高效利用的产业与模式，如高效生态农业、绿色农业、低碳农业、有机农业等。

第三，现代农业生态化发展中，相比经济发展要将生态置于第一位，但并不是置经济发展于不顾，而是以更科学合理的发展方式，促进两者协调发展，权衡好经济、社会和生态效应。

第四，现代农业生态化发展是一个动态的过程，具有一定的时代性、动态性、实际性、区域性，其要求、条件和任务等会随着农业发展目标的变化而变化，有可能会因为外界环境和内部结构的变化而变化。所以，现阶段对现代农业生态化的定义是结合现实提出，并非一成不变，会随着现代农业发展而不断完善。同时，现代农业生态化发展必须要结合区域农业资源禀赋和发展实际进行界定和理解，要充分考虑区域现代农业发展中的核心、面临的关键问题和发展方向。另外，本书强调现代农业生态化转型发展的动态趋势及现有文献的表述习惯，书中用现代农业生态化发展进行表述，但其与现代农业生态化意义上并没有本质区别。

在本书中，需要清楚地认识到兵团现代农业的特殊性和独特性。在兵团"党政军企"合一的特殊管理体制下，农业生产组织化程度高，农业生产经营规模大，农业机械化水平和农业技术贡献率高，现代农业发展水平位于全国前列。正因为该管理体制，有关农业制度安排具有独特性，农业发展具有计划经济性和行政强制性，职工的农业收益少，重经济收益而破坏生态环境的短期行为明显。兵团处于西北干旱地区，农业属于绿洲灌溉农业，因降水少，主要依靠地下水和河流水等水源发展农业，水资源及耕地资源是兵团现代农业发展的核心要素，即便兵团农业节水灌溉技术先进、农业机械设施完备，但不科学的生产管理行为和生态性技术供给不足仍严重破坏农业水资源和耕地资源，导致农业生产受农业资源环境的约束增强（朱侃等，2019），农业面源污染严重、农业碳排放增多、地下水位下降、耕地沙漠化和盐碱化均是其典型表现。所以，兵团现代农业生态化发展中，在特殊管理制度环境下，要充分考虑农业技术与农业制度在生态化发展中的作用，要保护水资源与耕地资源，衡量好农业投入、农业产出与生态影响之间的关系，要保持农业经济增长，注重生产力持续提高、资源永续利用和生态环境不断改善，构建一个生态、经济与社会协调发展的健康系统。

因此，本书对现代农业生态化的定义如下：以生态学理论为基础，遵循生态经济发展规律，将绿色、低碳、循环、生态发展理念及要素融入农业经济活动中，结合传统农业精华和现代科学技术、经营管理方式、理念与制度，协调好农业生产过程中的投入、产出与生态影响的关系，科学合理配置要素资源，控制、减量农业化学投入品，资源化农业污染排放，提高农业运行效率，提升农业规模化和专业化水平，形成一个具有高农业生态效率、经济稳定持续发展、资源利用高效、生态系统稳定、生态环境良好、产品质量安全等特征的发展格局（尹成杰，2016），最终实现农业可持续发展目标。

2. 现代农业生态化的目标

学者罗必良（2009）提出，完全不考虑外部投入能量，要迅速提高农业生产率是不可能的，那种完全不使用化肥、农药、机械的提法是不现实的。发展中不仅要考虑生态资源与环境因素，还要考虑经济发展需求；发展中要综合平衡好农业产出、农业投入及生态影响的关系（王宝义，2018），要保障水资源、土壤资源等资源的永续发展，控制农业污染及排放，保障农产品有效供给及安全。所以，现代农业生态化发展的目标，总体来说有以下三方面：

第一，生态目标。现代农业生产依赖生态与非生态要素，但生态要素是开展生产的前提，充足的生态环境与资源供应是农业发展的基础。现代农业生态化发展需要遵循生态经济规律，重视生态因素，融入"大地伦理"与"三和"生态理念，高效利用农业资源要素，优化资源管理，提高农业生态效率，促进生态的健康发展，提高自然生态的稳定性、抗逆性和新的生产力，将农业面源污染和农业碳排放量控制在环境容纳和负荷范围内，将农业污染排放资源化利用，切断生态环境污染与破坏的恶性循环，发挥农业资源节约、环境保护和生态保育等生态功能，特别要注重提高水资源持续利用效率，修复和提升土壤持久生产力。

第二，经济目标。农业对经济发展具有产品贡献、要素贡献、市场贡献和外汇贡献（蔡永华，2013）。确保国家粮食安全，保障农产品有效供给，是农业最基本的作用（牛敏杰，2016），因此，现代农业生态化发展中既要追求生态效益，又要追求经济效益。遵循经济发展规律，坚持市场导向，提升农业经济发展质量与农业运行效率，通过对生态性农业技术与制度安排的使用，确保绿色、生态、安全农产品的供给力；提高农业可持续发展力与增值潜力，促进农业产业链高附加值发展，增加生态产品的消费需求，增强农产品的市场竞争力。

第三，社会目标。现代农业生态化发展对生态性技术、管理制度、农业人才及社会化服务有更多需求，发展中要提高农业科技创新能力、人力资本水平及服务水平，推动产业融合和城乡统筹发展，提高职工收入及生态产品供给愿望与能力。

3. 现代农业生态化的特征

现代农业生态化发展应该是建立一种开放式、交换性、先进型的高水平农业生产力系统，是促进农业经济系统和生态系统的协调发展，区别于"高投入、高消耗、高污染、高排放、低效率"的粗放型发展，其特征具有动态性、系统性、多元性等，具体有以下七方面：

第一，动态性。现代农业生态化发展是一个动态的过程，发展路径、要求、目标、任务与措施等在不同区域与时间段都会有差异，也会因社会经济活动和农业主体认识程度与能力存在差异。

第二，系统性。现代农业生态化发展不仅要最大限度地提高农业生态效率，还要保持农业经济增长，注重生产力持续提高、资源永续利用和生态环境不断改善等方面。所以，现代农业生态化发展是一项复杂和综合的系统工程，在发展中需要同时兼顾农业发展的生态属性和生产属性，建立一个能够促进和实现社会经济系统与自然生态系统之间和谐的产业体系，使所有产业都符合生态规律和经济规律的要求（陆根尧等，2012），其包括农业生态效率、经济发展子系统、资源利用子系统与生态环境子系统。

第三，循环性。现代农业生态化是构建模仿自然生态循环的产业系统，与之前的经济发展模式最大的差异是形成了生态产业链与"再生资源"，并形成了"资源—产品—废弃物—再生资源"的物质、能量与信息循环流动模式，最直接的结果是废弃物得到多次循环利用，减少资源消耗、物质原料投入量和污染排放，追求尽可能合理的产出，包括产出数量、质量及结构；增加产业链深度与长度，实现产业及产品的增值。现代农业生态化的循环性特征表现在农业产业内部、内部间与外部产业间的循环。内部循环表现在农业单产上，如种植业中的作物秸秆还田是利用物质能量转换原理，作物间作混种套种是利用时间、空间、物种结构的（如密度、高矮、叶形等）不同，充分利用光、热、气、肥等资源，是资源配置结构优化的表现。内部间循环表现如农林牧渔产业间，即农牧结合、林牧结合或农渔结合等，如兵团第一师185团核桃种植户采用羊粪施肥，相比施用其他化肥，核桃产量更高，品质及口感更佳。外部产业间循环如三次产业间循环，产业链的网络化发展，形成生态产业链条（王宝义，2018），如休闲农业、旅游农业的发展。循环特征也是产业间纵向与横向融合的表现，增加产业链深度与长度，实现增值。

第四，模式多样性。如前所述，生态农业、有机农业、低碳农业、循环农业等均是现代农业生态化发展的典型模式，这些模式存有差异，侧重点及实现的方式也不同，但相通的地方均是为了实现农业可持续发展。原农业部在全国范围内征集了370余种生态农业模式，并从不同层面、不同区域类型、不同产业的实践模式中遴选了十大生态农业模式（陆根尧等，2012）。

第五，技术综合性。现代农业生态化发展的全程或全部环节都需要生态性农业技术作为支撑。不同的生态化发展模式以及不同环节对技术的需求不同，需要有多项技术的创新与应用，建立起综合的技术体系，如产前生物育种技术、产中测土配方施肥技术、信息技术以及产后地膜回收技术、废弃物处理技术、污染治理技术等多项技术的应用。农业要可持续发展，就需要汲取传统农业生态思想精髓，与现代农业科技结合，如传统的间混套作多熟种植技术与现代生物技术、信息技术等的有效结合（王宝义，2018）。

第六，政策依赖性。现代农业生态化发展需要政策的支持。对农业生态的投资，长远看会产生"生态溢价"效应，通过价格机制传导至消费行为中，并产生节约消费的效果（王宝义，2018），但是农民普遍具有小农思想和经济人的特点，生态意识薄弱，更关注短期经济利益。农业生态性技术的研发投入成本高，投资回收期慢，单纯靠农民或企业在市场机制下自发地研发生态性技术或采取保护生态环境的生产行为，难以实现。所以，现代农业生态化发展需要有政府的引导和政策的约束（李鹏梅，2012）。从宏观层面讲，政府需要将资源环境约束性指标及要求直接以政策的形式提出；从微观层面讲，要调动农民的主动性和提高其生态意识，还需要建立农业技术推广体系和生态补偿体系。

第七，产品生态性。农产品的生态性缺乏统一的标准和指标，追溯体系、监管体系、产品生态性评估体系等存在缺失。从现代农业生态化发展的提出可知，生产环节强调生态产业链的构建，强调农业生态性技术的应用，强调生态性投入品的使用，科学合理使用化肥、农药等，农产品应具有生态性和安全性。

4. 现代农业生态化发展的内容

在对现代农业生态化目标及特征的分析基础上可知，现代农业生态化发展不仅要追求较多的产量指标，还要追求较多的质量指标；不仅要追求较低的成本，还要追求较高的效益；追求环境的保护、生态的和谐和可持续发展。发展中要注意农地制度规范化、生产方式生态化、生产条件和经营管理现代化、农业生产性服务专业化和规模化、生态资源和环境可持续，这也是现代农业生态化发展与常规农业发展的不同之处。因此，现代农业生态化发展的内容包括以下五点：

第一，农地制度规范化。农地既是农业的基本劳动对象，也是重要的农用劳动资料。规范和完善的农地产权制度下，农民获得更多的权利束，可以更好地实现农地经营管理，更好地实现土地流转、转包、租赁，甚至是交给农业生产性服务组织托管，形成规模化经营。

第二，农业生产方式生态化。生产方式是在特定的历史条件下，人们运用劳动能力生产使用价值的实际过程（赖章盛和张宇丰，2009）。生产方式的生态化强调在生产过程中，增加绿色、循环、低碳和生态性物质要素投入，控制如化肥、农药、农膜等石化产品的投入量，减少甚至不用造成农业生态环境破坏的物质性投入品。依赖先进农业技术的开发与应用，实现生物技术与化学技术相结合，生态性农业技术与机械化相结合，高效节水技术与其他技术相结合，实现与生态环境互利互惠的现代农业发展。

第三，农业生产条件、经营管理现代化。用现代物质技术装备现代农业，采用先进设备代替劳动力，在农业中要持续使用农业机械和电力，并结合生态性技术实现全过程的机械化，包括选种、育秧、耕地、播种、施肥、除草、灌溉、收割、脱粒、烘干、仓储、加工、包装、运输等所有环节的机械作业。运用先进、科学的经验管理方法和措施经营现代农业，控制农业生产成本，提高市场的竞争能力。

第四，农业生产性服务专业化和规模化。在有效的农地产权制度环境下，依托土地流转，不断创新农业经营体制，充分发挥农业经营主体在现代农业生态化发展中的作用，特别是农业生产性服务业在农业生产中的作用。细分农业生产活动，将更多的生产环节外包给其他服务主体，农业生产经营各主体间分工协作，推进标准化生产、产业化经营、服务规模化，整合资源要素，优化资源配置结构，实现农业生产专业化、规模化水平的提高。

第五，生态资源与环境可持续。兵团农业属于绿洲灌溉农业，本身生态环境异常脆弱，农业发展中高度依赖水资源和耕地资源，现代农业生态化发展中要坚持利用生态资源和保护生态资源并重的原则，解决农业生产活动对水资源与耕地资源带来的生态环境问题。现代农业生态化发展先要实现生态环境资源的可持续，才能实现农业的可持续发展。

二、相关理论基础

（一）农业可持续发展理论

可持续发展的概念最先是 1972 年在斯德哥尔摩举行的联合国人类环境与发展会议上提出的（林锦彬，2014），于 1980 年由世界自然保护联盟制定发布的《世界自然资源保护大纲》中提出"……必须考虑到子孙后代的需要……"（赵晔，2017），世界环境与发展委员会 1987 年 4 月发表《我们共同的未来》，将可持续发展定义为"既满足当代人的需求，又不损害后代人满足其需求的能力的发展"（庞家幸，2016；徐震和顾大治，2011）。由可持续发展具有发展、公平、协调的目标可知（田昕加，2011），可持续发展要兼顾当前（近期）与未来（长远）利益，当前的发展要为未来发展创造有利的条件（赵晔，2017），也要公平地对待资源与环境。可持续发展既不是单指经济发展或是社会发展，又不是单指生态发展，而是指以人为中心的自然—社会—经济复合系统的可持续，自然、社会、经济三者之间相互关联而不可分割，生态持续是基础，经济持续是条件，社会持续是目的。作为一个有机整体，可持续发展综合考虑经济、社会、资源、环境、人口等多种因素间的协调发展（庞家幸，2016），要求社会进步水平与经济发展水平和自然资源消耗水平、环境质量和承载能力三者之间处于协调状态。

可持续发展理论适用于各个行业与产业发展，特别是农业。农业可持续发展是农业生产发展过程中，必须注重对资源和环境的保护，在追求农产品的高产量和提高经济效益的同时，必须保护农业资源的数量和质量，实现农业可持续发展，实现农业经济、生态和社会的可持续发展。具体地说，农业可持续发展应包括以下内容：①农业经济高质量发展。农业经济效益持续提高，保障粮食安全和农产品有效供给，农产品质量持续提高，职工收入增加，产业间与地区间差异逐渐缩小。②农业资源的持续利用。资源的节约、"再生、清洁、循环、低碳、高效利用"，替代资源的研究与开发等。③农业生态环境的修复改善与保护。减少农业生态环境污染负荷，环境污染基本消除、森林覆盖率持续提高、水土流失持续减少、土壤肥力持续提高等。④农业生态效率的提高。合理控制和使用化肥、农药、农膜及农机等生产性投入品，提高劳动生产效率及土地产出率，减少农业面源污染和降低农业碳排放量，增加农业单产与总产。⑤谋求社会全面进步和公平性（冯玉桂，2007）。由此可知，可持续发展理论的核心是经济社会发展的可持续性和资源的持续利用，实现产业发展与环境的协调发展。现代农业生态化是其能够使物质和能量在经济、社会系统内多级利用、高效产出，解决资源与环境问题，所以现代农业生态化发展是可持续发展理论的内在要求，也是实现可持续发展的有效途径（陈殊，2008）。

（二）生态经济理论

20 世纪以来，随着社会经济的发展和人口的增长，为了满足和解决发展需求，人类不断改造自然环境，开发和利用自然资源，并排放越来越多的废弃物到生态环境中，导致经济与生态间的矛盾日益突出（陈钰，2008）。生态经济学就是应对经济发展过程中环境污染、资源受限、人口增长和环境保护问题而生的（钟道军，2017）。"生态经济学"一词是 1966 年美国经济学家肯尼斯·鲍尔丁在《一门科学：生态经济学》中首次提出的（王宝义，2018），是专门研究和解决生态与经济两个系统间的关系、结构、功能和运动变化规律的学科（赵晔，2017），是用生态学理论和政治经济学理论来指导人类的经济活动，通过产业路径的合理选择、制度、组织与技术创新，构建社会—经济—自然复合型生态系统，促进经济与生态的协调，利用两者的统一与相互转化的规律，实现可持续发展（陈全会和黄海燕，2019）。

国内大部分学者认为生态经济学的研究对象是生态经济系统，是生态系统与经济系统交叉重合的部分，从这种观点出发，可以推断在整个经济系统中，至少还有与生态系统无关的其他经济系统存在，显然是有悖于生态学事实的，因为无论何种经济活动都是不能完全脱离生态环境的，人类经济活动依赖于生态系统中自然物质流、能量流和信息流的状况，同时也会反过来影响这一状况，形成生态与经济紧密联系的有机整体（戴锦，2004），经济系统置身于生态系统之中（见图2-1）。

图2-1　经济系统与生态系统间的关系

资料来源：笔者整理。

生态经济学区别于传统经济发展模式与掠夺发展模式的是其强调系统的完整性、容纳性和可持续性，代际公平和人类社会的长远发展，涵盖的范围非常广泛，但主要集中于生态产业、生态恢复和生态保护方面（王宝义，2018），目标是实现经济社会发展与生态环境高度协调和融合，强调走生态化发展道路，使经济生态化和生态经济化（臧芹，2017），并利用生态学原理和系统工程方法组织生产，提高生态效率，实现可持续发展（王宝义，2018）。

现代农业生态化发展中应注重运用生态经济学理论，认识到经济发展与生态环境之间的对立统一关系，良好的生态环境、优化的生态系统结构和齐全的生态功能，能让合理的经济投入产生更大的经济效益，经济效益的提高也使我们能有更多的资金用于生态环境的保护和改善（陈钰，2008）；科学的农业生产行为保护和改善生态环境。现代农业生态化发展中要更加注重农业生态效率的提高、经济系统与生态系统的协调发展。

（三）技术创新理论

首次提出技术创新理论的学者是熊彼特，他认为技术创新具有扩散和集聚作用，能吸引和聚集产业各部门和各企业形成集群，有利于经济发展。相比资源禀赋、文化状态和制度因素，技术创新是核心要素。舒尔茨认为要改造传统农业就需要引入新要素，比如引入新技术、新品种、新动力等，才有可能实现农业经济增长。这些要素中，特别是新技术的引入，能有效带动其他生产要素结构的变化与调整。例如，农业生产中引入化肥、种子、机械、地膜等技术产品时，对农户有更高要求，会改变农户素质和能力。这些技术物化要素的引入，需要农户具备现代知识和管理技能，才能更好掌握和运用现代生产要素，激发和增加对农户教育的投资，对其进行培训和教育，同时，反过来又能为农业技术创新、农业增产增效提供基础。农业技术创新还具有扩散作用，在农业踏板原理中提出，使用先进的农业技术能带给农户超额利润，并能从最先使用者或地区向外辐射传播，带动更多的农户使用或扩散到更多的地区，当新技术得到普及应用后，最终促进农业技术进步。对于农业技术创新的理解，有部分学者认为技术创新动力来源于农户对技术的内在需求，是农户在寻求新技术过程中不断创新和进步。

现代农业发展中，农业技术作为重要因素，能有效集聚人力、资本等要素，调整农业生产要素、组织和条件结构，提高生产要素利用效率，减缓或解决农业生态与经济矛盾问题。上述农业技术创新理论的思想中还反映出农业技术创新的溢出效应，通过知识溢出和向外扩散，促进农户的素质和能力的提高，将技术大范围地应用和推广到农业生产活动中，传播到各区域。当先进技术被普遍使用时，农户会改进产品或降低成本。农业技术创新过程中也是将更多先进的要素和理念，如绿色、生态、低碳等要素融入农业生产中，增加农产品的附加值，促进现代农业向更高级形态发展。显然，兵团现代农业生态化发展中，必须考虑到技术在生态化发展中的作用和影响。

(四) 制度变迁理论

新制度经济学中提出，制度变迁是制度的替代、转换和交易的过程，是一种更有效益的制度产生过程。任何制度变迁都包括变迁的主体、制度变迁的源泉及适应效率（王艳，2006；卢文娟，2004；普永生，2009）。

卢现祥（2006）提出有效组织是制度变迁的关键，在稀缺经济和竞争环境下，迫使组织持续不断投资和获取技术、知识与方法，将渐进地改变制度，组织的最大活动决定了制度变迁的方向（普永生，2009）。同时，制度又反作用于组织或企业家的行为。如果基本制度框架鼓励企业或其他组织投资于提高生产率的特殊知识，生产率的提高会带来经济繁荣，基本制度框架约束着人们的行动和选择（康继军，2006）。制度变迁的来源是相对价格、偏好的变化（吴远翔，2004），这两个因素会改变制度变迁的成本和预期收益，这是外部条件。相对价格的变化表现在要素价格比率、信息成本及技术的变化（王宏杰，2007），如在农业中，劳动价值下降，土地价值上升，会激发人们去变更产权，使现有日益稀缺的资源能得到有效的利用（普永生，2009）。对于信息技术在农业领域的应用，人们可以通过操作电脑或无人机开展滴灌、施肥、打药等活动，可以降低建立在空间上相互移动的个人参与基础的制度安排的组织成本。所以，在制度变迁中，技术变迁会促使制度变迁产生潜在的收益和降低制度操作成本（王艳，2006），相对价格发生基本的变化后，将逐渐改变人们的行为模式及使之合理化。制度变迁的内在条件是社会利益格局的重新调整。制度变迁过程中使组织具有适应性效率，即组织更具有创新、分担风险的能力和愿望，解决社会长期"瓶颈"和问题（仲艳焦，2004）。有效的制度能为组织提供一种创新的机制或氛围，为经济提供服务、为合作创造条件，能够消除组织的错误、分担组织创新的风险，并能够保护产权（李俊英，2007）。有效率的制度减少不确定性、降低交易费用和风险，促进经济增长和发展（张健，2002）。有效的制度能提供约束人们行为的有效所有权结构，降低所有权运作的外部性，外部利益内部化，高经济激励，促进经济增长（公茂刚和王学真，2018）。

制度变迁分为诱致性制度变迁和强制性制度变迁（赵学军，2005；曹建飞，2017）。诱致性制度变迁是由个人或群体，在响应获利机会时自发倡导、组织和实行（林毅夫，1992；邵任薇，2010），变迁的发生必须要有某些不均衡的获利机会，如要素和产品的相对价格长期变动，其他制度安排的改变；还取决于个别创新者的预期收益和预期成本的比较，如制度安排不能获得专用权，就会产生"搭便车"的行为。所以，诱致性制度变迁有营利性、自发性和渐进性的特点。强制性制度变迁则是自上而下的，由政府命令和法律引入实现（路玉彬，2018），但制度变迁的有效性可能会受到政府的偏好、有限理性、集团利益冲突和社会科学知识的局限的影响，制度变迁具有一定的路径依赖性，如兵团每一阶段的农业经济体制和改革的内容、目标、有效性，都在中国农业经济体制改革大背景和环境下开展，同时还会受到兵团的管理体制影响，具有自上而下强制性和路径依赖性。

（五）农地产权制度理论

产权制度是制度集合中最基本、最重要的制度，是以产权为核心，包括对产权的界定、运营和保护产权的一系列的制度安排和法律规定。菲吕博腾和配杰威齐在《产权与经济理论：近期文献的一个综述》中提出，产权是指由物的存在及其使用所引起的人们之间相互认可的行为关系。登姆塞茨在《关于产权的理论》中指出，产权是一种权利。卢现祥（2006）提出产权是一个权利束，是一个复数概念，包括所有权、占有权、使用权、收益权和处置权。张曙光和程炼（2012）认为产权分所有权、处分权和经营权，可以统一也可适当分离。卢现祥（2006）强调产权的明晰性特征就是为了建立所有权、激励和经济行为的内在联系。产权明晰性有利于降低交易费用，在市场交换中，若交易费用不为零，产权的界定、转让及安排都将影响产出与资源配置的效率。产权权利束越完整，则对应的物品的价值越大，产权如果残缺，其所对应的物品的价值就会下降。但在现实中产权不可能是完备的，主体可能因为产权界定、保护和实现的费用太高而自动放弃一部分权利束，也有可能因为外来的干预（如国家）造成产权残缺。此外，产权特征包括排他性、可分割性、可传递性、延续性、稳定性、实物性与价值性。

产权理论是研究农地制度的基础，农地产权制度是农地制度的核心。农地产权制度是以农地为媒介形成的农地所有、使用、收益、流转等经济、社会、法律关系（公茂刚和王学真，2018），内含合理利用稀缺农地资源的要求。根据对产权的理解可知，农地产权也是一组权利束，包括农地所有权、农地占有权、农地使用权、农地收益权、农地处置权等权利，各项权利可统一，也可分割，可重新分配和交易，短期内可能得到进一步强化或是在长期内得到进一步分割（郑淋议和张应良，2019），影响土地资源的配置和效率。不同的农地产权制度下，农地产权权利结构不同，生产要素所有者的要素收益受保护程度也不同，其要素投入的积极性也存有差异（公茂刚等，2018）。在有关农地产权制度研究中，大部分研究者对农地产权制度功能达成共识，农地产权制度具有激励、资源配置功能（公茂刚等，2018）和技术进步功能（柴富成，2013）。农地产权制度的功能主要取决于农地产权结构是否完备，取决于各项产权在主体间是否合理安排。农地产权结构越完备，越能够激发农业发展内生动力，通过农业生产要素投入、资源配置和生产行为来实现其对农业发展的影响。

第三章　兵团现代农业生态化发展现状与影响机制分析

本章主要分析兵团现代农业生态化发展现状及影响机制。分析现状是为了更好地把握其发展实况、发展特征、发展差异和存在的问题。不同的影响因素可能关系着现代农业生态化发展的前景与趋势、发展路径、发展模式与发展对策等，所以分析现代农业生态化发展的影响因素及作用机制至关重要。兵团现代农业生态化发展中除需要基本的水资源、耕地资源、劳动资源等要素外，还需要合理的制度安排及先进技术。1993年邓小平曾指出：农业发展一靠政策，二靠科学技术，这在以前、现在乃至未来，都是如此。农业技术与农业制度是现代农业生态化发展的重要影响因素，也是重要的战略支撑。因此，本章紧密结合兵团农业资源禀赋，侧重于从农业技术与农业制度两方面展开相关分析。

一、兵团现代农业生态化发展现状分析

（一）兵团现代农业技术发展现状

兵团一直致力于现代农业建设的探索和实践，其现代农业发展实质上是一个依靠农业技术进步与创新的过程（齐晓辉，2011），兵团现代农业技术发展经历

了引进、吸收、消化、改进到自主创新的转变。农业技术进步能够使原有的生产要素组合生产出比原来有更多的产量、改善农产品品质、节约劳动力、节约资源和改善生态环境（樊斌奇和朱磊，2006）。胡兆璋（2009）提出从1980年至2008年兵团农业实现了五次科技飞跃，农业技术进步的方向从推广地膜覆盖栽培技术到"五个一"培肥工程、种植业"十大"主体技术、精准农业六项技术和高密度优质高产栽培模式，再到以作物优良组合杂交一代种子进大田和工厂化育苗机械化移栽技术等方面的累积与改进，以提高农业生产力水平为落脚点。兵团现代农业技术发展远不止于此，近些年兵团在现有成熟技术基础上，强化智能化、信息化、数字化、生态化技术在农业生产中的应用，如北斗系统与精准农业共性技术和重大产品的联合研究、卫星及无人机遥感技术、农业灌溉物联网管理系统与平台的建设、测土配方水肥一体化相关模式与技术、有机作物试种技术、无公害绿色有机蔬果生产技术、生态肥料与农药技术、残膜机械化回收技术、光解膜（降解膜）技术和生态循环型农业的构建技术等，研发与创新方向从种植业（特别是棉花种植）向园艺、林果、畜牧业等领域延伸与拓展，从重视生产力向增产增效、节约劳动成本、提高资源利用效率、农业可持续性及生态环境保护转变。目前，兵团现代农业技术发展情况如下：

第一，兵团具有自己特色的现代农业技术体系，农业生产中大面积推广和应用了良种良法、模式栽培、地膜覆盖、节水灌溉、改土培肥、综合植保、化肥深施、标准化条田建设、土壤深松、人工影响天气的主体技术（胡兆璋，2005）。兵团现代农业技术以农业机械装备为主要载体，与兵团现代农业生产方式相适应的机械装备以大中型为主、小型为辅，以柴油机动力为主、电动及汽油机动力为辅。兵团现代农业机械化程度和农业技术贡献效率高，居全国领先水平。2018年兵团种植业耕种收综合机械化率达94.1%，比全国高27.1%；农作物综合机械化水平达84.68%，农林牧渔综合水平达68%，小麦水平达98.2%，棉花水平达80%以上，农业科技进步贡献率为60%，均高于全国平均水平。

第二，兵团大部分师团初步形成了农业技术创新动力机制，包括具有较为完整的"师（市）—团—连队"农业技术研发与推广体系，建立了"产学研"科研体系，师（市）内有新疆农垦科学院、石河子大学、塔里木大学、各师农科所、"五站一室"①、各师农业龙头企业等，主体间紧密合作并形成技术联盟，如兵团北斗创新联盟由兵团、石河子大学、华南农业大学、北京合众思壮科技股份有限公司组成。建成了大批农业技术示范基地和示范园区，有国家棉花工程技术研究中心（与新疆维吾尔自治区合办）、全国节水灌溉示范基地、农业机械化推广基地、兵团石河子国家农业科技园区、兵团细毛羊工程中心（新疆农垦科学院）、苜蓿草科技示范园（天宏集团）、183团龙疆设施农业基地等。但像边境师的农业科研体系不健全，只有"师（市）—团"二级体系及"产学研"合作体系，连队无专职农业技术人员，农业技术人员均由"两委"成员担任。各师间农业科技水平、创新能力及技术应用存在差异，经济发展快的师团如第六、第七、第八师现代农业生产中已运用智能化、信息化、数字化技术；经济发展慢的师团如第十、第十四师还囿于常规农业技术和农机设备的引进、消化与吸收。

第三，兵团现代农业技术供需不匹配，农业技术供给主体主要来源于政府层面，包括农业科技局、农业技术推广站、农科所。农业技术供需脱节表现在：①兵团团场与职工对农业技术所产生的效益期望存在差异，兵团转化科研成果的目标是经济、生态和社会效益统一，农户生产经营目标是经济收益最大化，期望农业技术的应用产生更多的经济收益。②农业科研机构的技术指导与培训内容过于理论化，缺少对市场和职工实际需求的了解，缺乏供需协调机制，与实际生产需要脱节。农业技术科研中重成果、轻应用和轻转化，农业科技转化率低。科技产品知识产权保护力度小，农科人员的农业技术创新的积极性低。③农业技术推广机构只能提供单项技术服务，大型综合性技术服务少，推广成果多集中于产中；农业技术推广条块分割，各师"各自为营"，缺乏区域合作和交流，更缺乏竞争机制；农业科技人才缺失，分布不合理，推广条件简陋。通过调研发现第七师126团所有受访者均提出缺少技术指导，技术人员指导的频率是一年0~2次，指导范围限于作物品种、肥料、病害、栽培和蚜蚋防控方面。④农业企业和中介服务机构未能成为具有竞争力的农业技术创新和服务供给主体，高投入及高风险下，对农业技术创新和推广投资意愿低，降低了农业技术的供给力。

---

① "五站一室"是指农试站、农技推广站、园林站、畜牧站、病虫害测报站和中心实验土壤（验）室。

第四，兵团现代农业技术研发与应用中存在技术单一多，综合配套少；产中应用多，产前产后应用少；低度改良多，创新突破少；常规成果多，生态技术少。缺乏产前的优质高产品种，种植业综合技术和养殖业技术，产后农产品保鲜、贮藏和深加工等技术（齐晓辉，2011）。不同作物间、不同作业环节间农业技术发展不均衡，棉花、粮油作物农业技术创新更领跑于林果园艺业及畜牧业技术，且农业技术多围绕棉花研发与创新，从播种、打药、种植技术、收获、销售等已经形成成套的体系，形成固有模式，欲研发与应用生态性技术具有难度；耕整地、播种、中耕、植保、施肥和秸秆还田等作业环节机械化程度高，但在收获环节机械化水平较低，且后续的地膜回收等技术相对滞后。

第五，缺乏与生态性技术研发与应用相匹配的环境经济政策支持，科技人才、资金、基础设施条件的缺乏限制生态性技术的研发，加上生态性农业技术的研发成本及推广使用成本高，降低了生态性农业技术的使用率。在农资市场调研中发现，生物农药和化肥市场价格高出普通化肥价格的一半多，产销量均小。2018 年第十师农业科技经费只有 199 万元，科普经费有 12.2 万元；因缺少管理机构、人员和经费，北屯市水产科技园区处于闲置状态，未能产生效益。建立生态性技术体系需要适宜的配套设施和环境因子，增加推广与应用的难度，主要还需政府投资与引导方能开展。例如，水肥一体化技术需采取高压滴灌，测土配方施肥技术主要采取试点试验的方式，推广应用面小；183 团龙疆设施农业基地属于黑龙江省援疆产业项目，投资 13.097 亿元才建成，一个大棚及配套设施前期基本投入 20 万元，还需基地和合作社带动，专业技术人员指导与管理。部分生态性技术不适用于兵团，如兵团干旱缺水，沼源粪便少，沼气循环系统所带来的经济和生态效益低。

（二）兵团现代农业制度发展现状

制度是在一个特定群体内部得以确定并实施的行为规则，这套行为规则抑制个人可能出现的机会主义行为，使人们的行为变得较为客观（卢现祥，2006）。"体制"与"制度"密切相关，"体制"是"制度"的一个下位概念，即种概念（曹建飞，2017）。经济体制是某一社会生产关系的具体形式，是一定的所有制和产权结构与一定的资源配置方式的统一，属于经济运行中的制度安排范畴。简言之，经济体制就是资源配置的具体方式或制度模式（孟航宇，2014）。经营体制为经营组织形式和经营方法。农业领域的制度主要以农业经济体制与农业经营体制为基础。农业经济体制主要涉及完善土地权利结构，即农地产权明晰的问题，"中央一号文件"及中共会议①也明确强调农地产权强化的问题，提出土地确权、保护农民财产权利、保持土地承包关系稳定性和赋予农民更多的土地财产权利。我国农业经营体制无论经历了怎样的变迁，一直都保持着"集体所有、均田承包、家庭经营"的大格局（罗必良和李尚蒲，2018），农地流转与集中，规模经济已是农业经营体制变迁的主线（罗必良，2017），由此可知，农业经营体制主要涉及在以家庭经营为主，实行统分结合的经济体制下，如何实现规模经营的问题。叶兴庆（2018）在研究中也提到现代农业发展中必须考虑土地流转和规模经营的问题，创新农业经营体制要遵从发展规律，顺应土地结构和农业经营形态的变化，建立多种规模经营形式，实现现代农业更高层次的发展。在现代农业发展过程中，兵团具有特殊的管理体制，以至于其农业经济体制与农业经营体制也具有特殊性，现对兵团管理体制、农业经济体制和农业经营体制、现代农业生态化相关政策展开分析。

1. 兵团管理体制方面

在《新疆生产建设兵团的历史与发展》白皮书中提出兵团实行的是"党政军企"合一的体制，该体制具有计划经济色彩，在经济管理、社会管理、人事管理、财务管理等方面惯于采用行政命令管理模式（曹建飞，2017）。兵团具有组织化程度高和集团化的独特优势，便于调配和整合优势资源（刘昌龙，2014）。2017年兵团实行"政企、政资、政社、政事"分开的团场综合配套改革，最典型的表现是全面取消农业生产经营管理中的"五统一"、土地确权及连队"两委选举"，促进现代农业发展适应市场经济环境。但是改革后的管理体制在现代农业生态化发展中的积极作用并非立刻见效，一方面，现代农业生态化是一项系统而长远的工程，需要有资金、人力、技术、制度等方面的支持，但是兵团属于行

---

① 在中共十七届三中全会、中共十八届三中全会、2002年《中华人民共和国农村土地承包法》等中都明确了农民的土地权利。

政职能残缺的行政主体，不具有税收、财政和工商行政管理等职权，也就意味着存在税收及财政权利的缺失，不能获得税收收入及从国家财政系统获得财政资金（王蕾，2017），加上兵团团场长期的政资不分、政企财务混乱、资金混用等问题并非能得到快速解决，在现代农业生态化发展方面的资金投入与基础设施建设支持显得"心有余而力不足"。再者，现代农业生态化发展下的经济收益回收期长，发展前期可能会牺牲短期经济效益而获得生态效益和社会效益，综合效益实现具有滞后性（王宝义，2018），而"为增长而竞争"的晋升锦标赛考核机制下（陈钊和徐彤，2011），"见效慢"在政府政绩观中是一道可怕的"围墙"。因此，政府中短期治理问题及短期见效要求在一定程度上降低政府现代农业生态化发展的意愿。另一方面，改革后兵团部分团场领导干部还未转变观念及管理方式，缺少民主管理的观念，管理越位、错位和缺位，思想具有封闭性，各师团之间缺乏沟通与联系，难以形成良好的区域协作与产业分工（王蕾，2017），不利于资源流动、共享与整合，不利于农业优势产业的集聚，可能会减缓全兵团现代农业生态化发展速度。

2. 兵团农业经济体制方面

兵团农业经济体制改革的历程主要有以下几个阶段："三奖一定"的生产责任制（1979~1982年）、"一主两翼"的经济责任制（1983~1987年）、团场企业承包制（1988~1992年）、"两费自理"和"租赁经营"（1993~2000年）、综合改革（2001~2005年）、落实团场基本经营制度（2006~2016年）及团场综合配套改革（2017年至今）。兵团特殊的管理体制具有一定的行政强制性，农业经济体制同样具有特殊性，呈现出自上而下的强制性制度变迁。经过多年的改革与发展，兵团的农业经济体制是从计划经济为主导向市场经济为主导的改变，从土地规划、土地用途管控、土地整理、耕地保护等制度尚未建立（唐姚等，2019），到形成了以职工家庭承包经营为基础、统分结合的双层经营的制度基础（王宝义，2018），确定了"土地承包经营、产权明晰到户"，将更多的权利和利益分配给职工（刘俊浩，2008）。目前，团场逐渐退出农业生产经营管理和服务，职工获得一定数量土地的经营权，土地承包期限由原来的一年一签（承包面积固定，但是位置不固定），到延长至职工退休终止，土地经营权可按照相关规定在团场内部流转，该项权利的确定，既重新确定职工身份、权利与义务，又打破了原来的行政约束，职工的身份已由被动的执行主体转变为经营土地、处置农产品和市场化中的主体，职工享有充分的经营自主权，自主决定种养殖结构、农资采购、农产品销售、农业基础设施分配、劳动力配置等（王蕾，2017）。

通过兵团农业经济体制改革前后职工的生产行为可知，不同经济体制变革阶段，兵团农地产权结构不同，给予兵团职工的权利束不同，在农业经济活动中的行为选择不同，对现代农业生态化的影响也会存在差异。改革前农业经济体制具有计划经济色彩，兵团下指令到团场，团场再安排到连队，职工只需要按照团场的要求进行生产，团场和职工对上层的决策和选择具有被动性，缺少自主选择权，农地产权缺失导致两者缺乏对现代农业生态化发展的投资和建设的积极性；兵团给予非职工农户的权利低于职工，但在农业生产经营管理中，对非职工农户的要求和条件更苛刻，降低其对农业生产的安全感及农业投资的信心，在现代农业生产中形成"权利少而义务多、收益低而费用高、有需求而无供给"，对现代农业生态化发展"知而不愿为"的格局。

改革后有效分配团场和职工各自利益，减少了兵团经济负担并提高了职工生产积极性，根据调研实况可知，大部分职工能获得国有农用地承包经营权证，增加其对土地投资的意愿。取消"五统一"后，农业生产经营市场透明化、交易公平化、买卖自由化、市场价格透明，职工面向市场。已有职工紧抓市场需求，采取先进的生态技术和生产模式，开展现代农业生态化生产。制度变迁所产生的绩效具有一定的时滞性，在兵团农地确权初期，因存在技术惯性，农业生产组织度和社会化程度下降，职工分割为小农户，先进技术可能会倒退，会减缓现代农业生态化发展的进程。在确权初期，因存在农户非生态性生产行为的风险，若无政府和农技人员的引导，或者生态农产品市场需求不足的话，考虑到成本和收益问题，职工有生态意识但并不会主动要求选择使用生态肥料或农药，获取生态安全食品的市场信息传递成本高，也不能确定和评估现代农业生态化所产生的价值与价格，为了保障或获取更多的收益，农户必然还会采取常规生产方式，减少生态生产行为。

3. 兵团农业经营体制方面

在实行职工家庭土地承包经营、统分结合的双层经营的农业经济体制下，规模化、专业化、集约化、社会化程度高的现代农业经营体制，是关系到现代农业生态化发展的重要制度安排。通过农地流转与集中，规模经济已是农业经营体制变迁的主线（罗必良，2017）。在团场综合配套改革前，兵团土地流转存在局限，团场对土地流转的管理方式不一，有对职工私下进行土地流转采取默认态度、有明确不允许转让和需要经过团场同意方可转让，且只能在本连、本团内部流转，兵团现代农业生产经营管理实行"统一种植计划、统一农资采供、统一产品收购、统一农机作业、统一产品销售"（唐姚等，2019），没有明确规定职工经营权且经营权流转时间短，并不能有效实现规模经营，职工或承包户短期行为明显，破坏了农业生态环境，影响了农业可持续发展（杜庆九和李季鹏，2016）。

目前，现行农业政策中保持基本经营方式不变，鼓励职工通过土地转包、出租、互换的形式促进土地流转和集中，以实现规模化经营，释放农业劳动力并向非农产业就业，实现土地和劳动力资源效用最大化。兵团现代农业生产中实行新的"统一"，兵团团场和连队干部的角色由管理者转变为服务者，引导和鼓励职工在自主自愿基础上发展合作经营、股份制、公司化经营，发展专业合作社，支持农业生产性服务介入农业中，提高农业集约化、规模化、组织化水平。产前培训、市场引导、农资储备监管，产中技术指导、科技服务，产后发布市场信息、促进农产品销售、农情统计分析（唐姚等，2019）等职能也逐渐被其他农业经营主体替代。职工市场参与度和生产积极性明显提高，自愿选择与农业龙头企业和各种农业生产性服务组织等合作，获取更多资本、技术和服务支持。团场职工自发成立合作社，集中分散的土地、资金和劳动力，共享信息与资源，降低市场对接风险，实现抱团发展。例如，106团的新时代棉花种植农户专业合作社、102团五家渠梧桐泉水地种植农户专业合作社、第八师148团的鑫海众合种植专业合作社等，将优质农资、农业机械服务、种养殖销售集于一体，统一生产模式，种植高效作物、建立高标准示范试验田等。截至2018年底，兵团注册登记合作社有3226个，社员184万人，主要集中在养殖业、果蔬园艺业、设施农业、农机服务和加工业。其中，种植业合作社1072个，养殖业合作社1326个，农机化合作社 273 个，其他类合作社 555 个。主要由能人大户、农工经济合作组织、龙头企业、团场农业公司四类带动，职工以土地入股、转租，或农业企业连片租赁承包职工土地，职工以劳动入股的形式，与其他经营主体建立利益联结机制，建立了"企业+合作社+农工""公司+基地+农工""批发市场+合作社+农工""政府+合作社+农工"等经营模式推动农业规模经营（刘小飞和管仲，2019）。兵团农业龙头企业、专业大户、农业社会化服务体系快速发展，基本形成了以兵团公益性组织机构为依托，龙头企业为主，合作经济组织和其他社会力量为基础和补充，公益性服务和经营性服务结合的全产业链的综合配套服务体系（朱宏登，2011）。除了基本的常规农业技术和资金服务外，还推广具有生态保护性的免耕、秸秆还田、覆盖保墒、水肥一体化技术，对现代农业生态化发展无疑是有益的。但兵团现代农业经营体制发展中也存有问题，农业生产性服务水平低、新型农业经营主体发展滞后和经营规模小、缺乏经营专业人才和经营战略眼光和意识，对新技术、品种和先进的管理模式的接受度低，组织管理不规范和机制不健全，缺乏现代企业制度，组织结构松散，产权不明晰，组织可持续发展能力弱，服务层次低等。

4. 兵团现代农业生态化相关政策

邓小平 1993 年指出：农业发展一靠政策，二靠科学技术，这在以前、现在乃至未来，都是如此。政策也是制度的一部分，是制度体系构建的基础。梳理兵团现代农业生态化发展的相关政策，为进一步完善现代农业生态化发展制度构建提供参考。兵团紧跟国家对农业可持续发展战略要求，特别是 2015 年后明确出台了有关绿色发展、建设生态文明、保护生态环境与治理污染、耕地保护、食品安全、领导及相关部门的权责等方面的规定。典型的有 2015 年的《兵团推进农业"一控两减三基本"工作实施方案（2015—2020 年）》提出了兵团在现代农业发展中存在受资源环境约束、农业生产成本增加和职工增收难度加大、水资源短缺矛盾突出、土壤肥力偏低、农业面源污染较重、农业废弃物资源化利用技术水平低等问题，围绕"一控两减三基本"工作，建设高产、优质、高效、生态、安全的现代农业。2016 年《新疆生产建设兵团水污染防治工作方案》提出农业面源污染问题及到 2020 年农业资源利用率目标和要求，强调通过生物农药、绿色防控技术、实行测土配方施肥、发展生态循环农业、改良土壤和建立农田排污设施、发展节水灌溉技术等措施实现水污染防治工作。《兵团耕地保护责任目标考核办法》中强调各师（市）的耕地保护责任，确保耕地和基本农田保护面积不减少、用途不改变、质量有提高，全面完成高标准农田建设任务。《"十三五"时期兵团农业现代化发展规划》中提出构建现代农业产业体系、生产体系、经营体系，走产出高效、产品安全、资源节约、环境友好的农业发展道路。2017 年《关于加强生态文明建设工作的实施意见》中强调建立兵团生态文明体系，推进绿色化、低碳化和循环化发展，在农业方面，大力发展有机农业和生态农业，推进"三品一标"农产品的发展。除此之外，还陆续印发《兵团实施〈党政领导干部生态环境损害责任追究办法（试行）〉细则》《兵团党政及其工作部门环境保护工作职责暂行规定》《新疆生产建设兵团土壤污染防治工作方案》等，从政策上落实耕地保护长效机制，领导干部及相关部门在生态环境保护方面的责权。2018 年《兵团关于创新体制机制推进农业绿色发展的实施意见》提出从兵团农业发展实际出发，加快改革创新，从优化农业主体功能与空间布局、强化农业资源保护和节约利用、加强产地环境保护与治理、养护修复农业生态系统四项工作入手，让生态环保成为兵团现代农业的明显标志，让绿色发展成为兵团农业发展方式的战略选择。《关于全面加强生态环境保护坚决打好污染防治攻坚战实施方案》中明确提出兵团到 2035 年，总体形成节约资源和保护生态环境生产方式和格局，两手抓污染减排和生态扩容，保障农产品质量安全和人体健康，降低耕地环境风险，深化生态环境保护管理体制，建成永续发展的制度保障。兵团先后从质量提升、耕地保护和改进占补平衡、耕地保护责任目标考核、加强水资源综合利用、强化生态保护方面印发了相关的通知与规定。2019 年出台的《关于加快推进农业机械化和农机装备产业转型升级的实施意见》中明确提出科技创新、机制创新和政策创新，高质高效升级农业机械化，为实现现代农业生态化提供支撑，并从组织制度、资金、人才、社会服务等方面为农机化升级提供保障。由此可知，这些都将为兵团现代农业生态化发展的有序推进提供良好的制度环境。现代农业生态化发展是一个长期过程，目前有关政策较为宏观，多为原则性、号召性规定，未能落到具体事项中，操作性不强，其作用的发挥在实践中受限，效果不佳，还需结合兵团现代农业发展实际提出切实可行的政策。

（三）兵团现代农业其他方面现状

1. 兵团现代农业资源禀赋发展现状

剖析兵团现代农业生态化发展现状，必须要对兵团的资源禀赋加以叙述。绿洲农业是以人造景观为主体的生态—经济系统，具有地缘性、维水性、脆弱性、高效性、演变性等特征，农业发展中资源与环境约束性大，生态环境先天脆弱，生态资源总量严重不足（张永明，2017），特别容易受次生盐渍化、沼泽化和沙漠化的侵害。绿洲农业在形成和发展中，水资源和耕地资源是核心的要素和资源，特别是稳定的水资源是绿洲农业的命脉。兵团农业属于绿洲灌溉农业，耕地大多是在盐碱地上开垦的。兵团现代农业发展过程中，通过秸秆还田、培育绿肥、增施有机肥等措施，土壤可溶盐总量呈逐渐减少的趋势，据统计，兵团耕地可溶盐从原始荒地的 26.62g/kg 下降至 4.78g/kg。兵团具有较完善的引水工程、蓄水工程、农田灌排渠系等人工水利体系，使盐碱荒地变为高产稳产的绿洲农田（周宏飞等，2017），2018 年兵团有 146 座水库，库容量是 33.87 亿立方米，实际灌溉面积 1527 千公顷。但过度开发和利用耕地和水资源，及"高投入、高污染、高产出"的生产方式的不可持续性，致使这两项基本生态资源要素匮乏与短缺，也是兵团现代农业发展的约束条件，成为推动现代农业亟须生态化发展的促进因素。

（1）兵团耕地肥力明显不足，耕地质量下降。在耕地利用上，存在重用轻养、重产出轻生态投入问题，土壤养分供应与作物需求逆差逐年积累，土壤肥力减退。突出表现为单一种植结构造成耕地养分的缺失；过量使用化肥和农药造成耕地盐碱化、板结化严重，土壤有机质含量不足，缺磷、缺钾、少氮，还缺少锌、锰、硼、铁等元素，如果土壤表层的可溶盐含量过高（一般超过 0.2%），会影响作物的正常生长而形成低产。兵团农业生产中大量使用地膜，且地膜回收不净导致白色污染，造成耕地肥力下降的问题也比较突出。地膜覆盖面积从 1999 年的 437.315 千公顷迅速上升到 2018 年的 1021 千公顷，增长了 1.33 倍。随着地膜栽培面积不断扩大，残膜年复一年在地里积聚，加上农机采摘的不完全，将更多的地膜置留在地里，造成耕地污染，影响作物生长且造成产量降低。据130团调查结果，连续地膜覆盖栽培3~5年的田块，种植小麦减产2%~3%，种植玉米减产10%，种植棉花减产10%~23%。此外，沙害也同样影响兵团耕地质量和农业发展。兵团有123个农牧团场处于荒漠边缘地区，兵团南疆垦区的第二、第三、第十四师以及北疆的准噶尔盆地边缘垦区，为沙害易发区。目前，兵团沙化土地面积达99.67万公顷，占辖区面积的14.1%，有明显沙化趋势的土地达67.33万公顷（周宏飞等，2017）。

（2）兵团大力推广节水灌溉技术和措施后，水资源利用效率明显有所提高，2018年高新节水灌溉面积达1129.07千公顷，节水灌溉面积是有效灌溉面积的83.7%，有效灌溉率为97.53%，但兵团本属资源型缺水地区，降水量偏少，农业、工业、城市、生活、生态用水量大且竞争激烈，水量逐渐减少，水资源供需矛盾日趋尖锐。兵团多年平均水资源量为124.281亿立方米，人均水资源占有量为857立方米，不及国际上公认的人均1000立方米缺水标准，甚至比不上以干旱水著称的中东和北非地区。兵团亩均水资源占有量和亩均水资源量均低于全国水平。2018年兵团地表水资源（引用量）为94.90亿立方米，地下水资源量是19.39亿立方米。兵团"四用"水量，农业水耗巨大且用水量逐年增长，供需矛盾十分突出。此外，水资源浪费在一定程度上加剧了水资源的短缺，造成了水资源的不安全。

农业是用水大户，用水量大但农业灌溉标准偏低，20世纪90年代制定的农业用水管理制度一直应用至今，通过调研发现，农业用水资源管理制度存在缺陷，农业用水水费低，低到可以认为灌溉用水接近"公共产品"的性质，存在水量短缺和水资源使用浪费并存的现象，农业灌溉水的利用效率仍有待提高。另外，工业城市用水挤占农业用水，水资源的"农转非"趋势更加明显，农用水比例呈现下降趋势；水污染造成土壤板结和盐碱化，对现代农业生产构成双重威胁。此外，由于兵团易碱自然条件的客观存在，只要用水不当便会产生次生盐渍化现象。现兵团膜下滴灌已成为普遍灌溉方式，但缺乏深层渗漏，长期可能会导致农田土壤存在积盐，盐分无法排出灌区，也是农业可持续发展的一个潜在危机（周宏飞等，2017）。

2. 兵团农业劳动力资源的现况

图 3-1 反映了 1999~2018 年兵团第一产业年末从业人员及从业人员初中及以上受教育程度人数，兵团这两个指标整体呈下降趋势，特别是从 2013 年开始直线下降。对比这两个指标差可知，兵团农业劳动力资源不足且素质不高。农业劳动力资源显然已越过"刘易斯拐点"，"人口红利"所带来的优势已褪去，劳动力成本不断提高，兵团虽有农业机械代替劳动，但在生态化生产对化肥、农药的减少与控制的要求下，并不是所有农业机械都可以替代，其中会涉及农业技术效率的提高、生产管理方式与模式的改进，同时也会要求更高质量的农业劳动力，简而言之，现代农业生态化发展要求更高的知识密度和技术密度程度（黎振强和杨新荣，2014）。但是当前，兵团农业发展所面临的一大困境就是农业劳动力相对不足，表现在兵团职工老龄化减少劳动参与率，兵二代、兵三代中青年外流，典型的"留不住人，引不进人"，在职劳动力素质不高。在对兵团改革试点团场调研发现，团场干部层面的被访者年龄集中在 36~45 岁和 46~55 岁两个阶段，占被调研者总数的 68.6%，被访者学历主要集中在"大专或本科"阶段，超过了总数的八成；团场职工层面的被访者年龄集中在 36~45 岁和 46~55 岁两个阶段的有 84.1%，被访者学历主要集中在"初中"阶段，占总数 55.8%（曹建飞，2017）。兵团劳动力资源不足的最直接的原因是从非农行业中所获得的现实

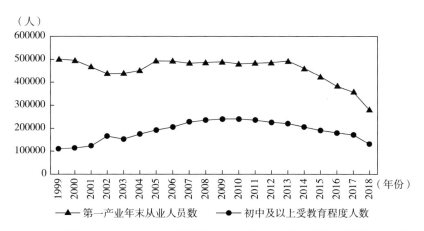

图 3-1　兵团第一产业年末从业人员数及从业人员初中及以上受教育程度人数变化

资料来源：笔者整理。

收益或预期收益大于留守兵团土地的收益，尤其是教育与交通等方面，与其他地区相比处于劣势；兵团屯垦戍边工作任务重，难以留住人。因此，农业劳动力相对不足，制约现代农业生态化发展。

3. 兵团生态产品消费需求及"三品"发展现状

随着兵团消费者的收入增加，生态、绿色消费意识增强，生态产品的市场需求不断扩大。2018 年兵团城镇常住居民人均可支配收入达到 38842. 38 元，连队常住居民人均可支配收入达到 19445 元，相比 2017 年分别增加了 2112. 34 元和 1659 元。其中，平均每人消费性支出达到 19192.97 元，恩格尔系数从 2017 年的 27.26%下降至 2018 年的 26.34%，食品支出占消费总支出的比重下降。兵团城乡居民的医疗保健支出均增加，反映了兵团城乡居民收入水平不断提升和对健康的重视。

随着兵团连队功能转型的深入，特色种植和养殖专业合作社的建立，兵团职工也积极参与其中，由追求高产量逐渐转向追求高品质（金赛美，2018）。2003年新疆发布了《新疆生产建设兵团无公害食品发展规划》，2004 年成立了新疆唯一一家有机产品认证机构（兵团环科所有机产品认证中心），建立了农产品质量追溯系统等。到目前为止，兵团无公害农产品有效获证产品数量有 121 个，绿色食品有效获证产品数量有 122 个，农产品地理标志获证产品数量有 38 个（杨小平，2018），已有 20 家单位大米、牛羊肉、红枣、奶粉等产品实现了"生产有记录、流向可跟踪、信息可查询、质量可追溯"。

但也存在缺乏生态产品甄别标准和系统，如"新疆和田"大枣是国内消费者比较认同的地理标志性产品，但在线下疆外市场及线上市场中均有其他地区的大枣打着"新疆和田"大枣的名义出售，有的消费者根本无法辨识真伪，且对于是不是生态施肥施药难以确定，因市场容量饱和，优质大枣的价格难以提升。农产品质量体系不健全的问题，导致农产品质量甄别困难。兵团的农产品质量标准分级目的不明确，统一标准分级依据不同，分级标准与检验认证结合不密切，标准制定水准过低（臧佳和田尉婧，2019），如和田大枣和若羌灰枣分为特级、一级、二级及三级，但是等级划分依据并不明确和统一。在认证方面，构建了认证机构，但不能发挥其引导作用，不能为农产品生产者和销售者提供统一科学合理的标准和要求，同时缺乏专业技术和认证人才，认证费用高；相关的监管法律法规体系不健全，制订的法律法规难以落地，可操作性差（陆洋，2018），这些无疑都不利于现代农业生态化发展。

4. 兵团现代农业生态环境问题

王书明等（1997）指出，技术开发提高了人类获取、改造自然资源的生存和发展能力，同时又在开发过程中消耗有限的自然资源，产生危及人类可持续生产和发展的生态环境问题。在关注农业技术和农业制度发展对现代农业产生正向作用，如带来高效生产率和丰富物质产品（许可，2019）的同时，我们也要正确认识到由技术和制度发展所带来的生态问题。兵团现代农业生产中普遍使用的化肥、农药、农膜、农机都是农业技术的物化产品，这些产品的投入早已埋下了农产品安全质量隐患的种子，化学投入品不仅会降低耕地质量、污染水资源和增加农业碳排放等问题，还会影响农产品质量和威胁居民健康与生命安全，各类饲料添加剂、杀虫剂、抗生素等化学药品过量使用会残留于产品中，转化为危害居民健康的致癌物（王宝义，2018）。

（1）农业污染排放问题。由表 3-1 可知，化肥污染量、农药污染量及地膜残留量逐年增加，1999~2018 年三项污染排放指标的平均值分别为 61.14 万吨、4249.20 吨和 6624.59 吨。经计算发现，2009~2018 年三项污染排放指标均值分别是 1999~2008 年均值的 1.86 倍、1.41 倍和 1.34 倍。其中，化肥污染量在2018 年出现了拐点，但其绝对量依然处于较高水平。农业生产中使用地膜所产生的"白色污染"问题是兵团现代农业发展中所面临的生态环境问题之一，地膜回收机械的使用降低人工成本和提高劳动生产效率，但由于机械本身缺少精准性，地膜残留率高，降低了耕地质量。根据调研发现，兵团职工会了解农药使用说明书注意事项，但在使用剂量、次数会根据作物生长情况和经验做出调整，农药使用方式不当，导致农产品农药残留超标，农药包装物污染日益成为农业面源污染的重要组成部分（于法稳，2019）。

（2）农业碳排放问题。图 3-2 中展示了兵团农业碳排放总量及其环比增长率的变化趋势。整体来看，1999~2018 年，兵团农业碳排放处于上升趋势，年均增长 4.88%。结合兵团农业碳排放总量及环比增长率演变趋势，2009 年的环比增

表 3-1　1999~2018 年兵团农业污染排放相关指标统计

年份	化肥污染量（万吨）	农药污染量（吨）	地膜残留量（吨）	年份	化肥污染量（万吨）	农药污染量（吨）	地膜残留量（吨）
1999	36.93	3557.26	4396.30	2009	61.65	4427.59	7067.60
2000	38.44	3160.60	4962.00	2010	64.89	4589.38	7175.90
2001	36.74	3257.39	5196.10	2011	66.21	4554.34	6855.20
2002	38.38	3697.54	5403.30	2012	70.87	4353.45	6993.70
2003	39.10	3281.48	5833.10	2013	74.72	4669.23	7223.90
2004	39.63	3090.82	5743.90	2014	79.17	4949.20	7396.10
2005	43.56	3257.63	5959.60	2015	85.16	5169.00	7684.70
2006	47.74	3494.87	6196.30	2016	96.79	5633.79	8372.40
2007	50.97	4194.02	6413.70	2017	100.17	5617.50	8551.10
2008	55.81	4239.91	6589.00	2018	95.80	5789.00	8477.80
1999~2008 均值	42.73	3523.15	5669.33	2009~2018 均值	79.54	4975.25	7579.84

注：表 3-1 及图 3-1 中各指标数据来源及计算方法见第四章。

资料来源：笔者整理。

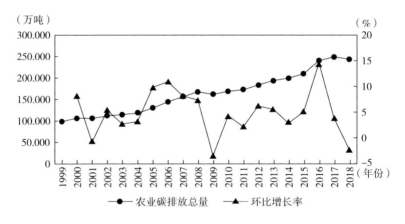

图 3-2　1999~2018 年兵团农业碳排放总量及增长率变化趋势

资料来源：笔者整理。

长率跌到最低点，该年农业碳排放为 161.867 万吨，较 2008 年下降 3.46%。所以，可以以 2009 年为转折点划分为两个阶段：第一个阶段为 1999~2008 年快速增长期，该阶段兵团农业碳排放增长最快，1999 年农业碳排放为 98.697 万吨，2008 年为 167.660 万吨，年均增长 6.06%；第二个阶段为 2009~2018 年的平稳增长期，年均增长 4.66%。

进一步了解各农业碳源情况，由表 3-2 可知，七类碳源均呈现出农业碳排放增加趋势，1999~2018 年化肥、农药、农膜、柴油、翻耕土地、农业灌溉和动物养殖产生的碳排放平均值分别为 112.038 万吨、4.741 万吨、29.612 万吨、10.801 万吨、0.327 万吨、0.022 万吨和 33.430 万吨。通过对兵团农业碳排放结构分析可知，1999~2018 年，七类碳源所产生碳排放量占总碳排放量的比例都存在差异。其中，农用物资（化肥、农药、农膜和柴油）所产生的碳排放量最多，其次是动物养殖和翻耕土地，农业灌溉所产生的碳排放最少。经计算，在研究期间，七类碳源平均占比分别为 56.447%、2.439%、15.246%、5.507%、0.209%、0.014% 和 20.850%，另外，农用物资产生的碳排放量所占总量比例最高，平均比例为 82.312%。对比 1999~2008 年和 2009~2018 年各碳源所占比例发现，化肥和农药产生的碳排放所占比例有增加，分别增加了 4.167% 和 0.015%。七类碳源所占比排名前四的是化肥、动物养殖、农膜和柴油（见图 3-3），说明农业发展中，降低农业能源产品消耗和控制动物污染排放、生态化养殖是减少农业碳排放量和提高农业生态效率的主要手段。

表 3-2　1999~2018 年兵团农业碳排放结构

年份	化肥		农药		农膜		柴油	
	碳排放（万吨）	比例（%）	碳排放（万吨）	比例（%）	碳排放（万吨）	比例（%）	碳排放（万吨）	比例（%）
1999~2003	139.728	64.713	5.536	2.564	34.666	16.055	13.366	6.190
2004~2008	70.964	49.510	3.607	2.516	22.695	15.834	7.805	5.445
2009~2013	101.005	57.350	4.459	2.532	27.539	15.636	9.549	5.422
2014~2018	136.455	59.716	5.360	2.346	33.547	14.681	12.483	5.463

年份	翻耕土地		农业灌溉		动物养殖		碳排放总量（万吨）
	碳排放（万吨）	比例（%）	碳排放（万吨）	比例（%）	碳排放（万吨）	比例（%）	
1999~2003	0.278	0.129	0.020	0.009	22.326	10.340	215.920
2004~2008	0.296	0.207	0.020	0.014	37.947	26.475	143.334
2009~2013	0.338	0.192	0.022	0.012	33.208	18.855	176.120
2014~2018	0.397	0.174	0.024	0.011	40.240	17.610	228.506

　　注：表 3-2 及图 3-3 中各指标数据来源及计算方法见第四章。
　　资料来源：笔者整理。

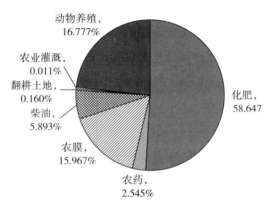

（a）1999~2008年兵团农业碳排放结构

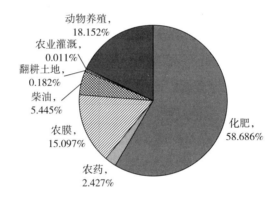

（b）2009~2018年兵团农业碳排放结构

图3-3　1999~2008年和2009~2018年兵团农业碳排放结构对比

资料来源：笔者整理。

　　通过对兵团现代农业技术和农业制度发展、政策、资源禀赋（耕地资源和水资源）、劳动力资源、生态产品市场需求及存在的生态环境问题现状分析可知，实现现代农业生态化发展的必要性。现状分析既是对兵团现代农业生态化发展的目标、技术、制度、资源、环境困境的思考，又是对绿色、生态和低碳发展的现实诉求的正面回应。

二、兵团现代农业生态化发展的影响机制分析

本部分主要探讨现代农业生态化发展的影响机制，分析内容具有一定的理论性和普适性，但实质上又与兵团现代农业生态化发展密切相关。所以在分析中，同样侧重分析农业技术进步、农业制度发展与现代农业生态化发展的影响机制。

（一）农业技术进步对现代农业生态化发展的影响机制

农业技术发展实质上就是农业技术不断进步与创新的过程，是不断用先进的农业技术替代落后的农业技术。因此，文中主要分析农业技术进步对现代农业生态化的影响机制。

1. 农业技术进步对现代农业生态化的线性影响

农业技术进步与现代农业生态化的线性关系是指两者长期保持正向或者负向的关系，两者的影响系数大小不会发生改变（陈子真，2017）。

国内外学者普遍认为农业技术进步能显著提高资源利用率和生产效率、减少农业能耗和碳排放，是促进农业可持续发展的主要因素（杨钧，2013）。Bizimungu 和 Kabunga（2018）在研究中提出非洲农业生产率低是因为有 61% 的职工没有使用任何现代农业技术，肯定了农业技术对农业经济增长的作用。姚延婷和陈万明（2016）提出环境友好农业技术创新活动对经济增长的贡献是增加的，实现年均增长 1.48%，且主要来自农业前沿技术进步水平的驱动。黄琳庆等（2016）发现农业科技进步既能减少农业碳排放量，又能促进农业经济发展。戴小文等（2015）发现低碳农业技术比一般技术对提高现代农业生态化发展综合水平的影响效应更显著。陈银娥和陈薇（2018）指出农业机械化能够促进产业升级并减少农业碳排放。罗明忠等（2017）认为先进技术有利于打破现有生产资源的约束，提高农业劳动生产率，增加农民收入，推动农业可持续发展，分析中验证了节水灌溉技术的使用能降低农业干旱风险冲击对农户贫困发生概率负向影响的

功能。孙玉竹等（2019）强调农业技术进步是我国粮食生产能力增长的主要原因与动力，对职工收入有促进作用（李林红等，2019）。农业技术进步水平直接影响农业生态转型成本，降低农业制度变迁成本，提高制度创新效率（刘刚，2020），进而影响现代农业生态化发展水平。

农业技术对现代农业生态化发展的机理主要为技术溢出效应和学习扩散效应（赵大伟，2012）。技术的外溢效应表现在农业技术进步与创新及应用过程中，产生现代科学知识溢出效应，培育能运用先进技术的劳动力，可以提高对农业技术研发和农业生产者教育的投资，进而激发更多的农业技术研发活动，促进产业结构升级与发展（李磊，2019）。具体而言，更多的先进生产技术的应用需要对农业生产者进行培训，农业生产者在学习过程中间接提高其文化素质和经营管理能力，增强其生态化生产的意识，提高生产标准规范，增加农产品中的绿色科技含量，优化升级农业产业结构和保障生态性农产品的供给能力，提升农业核心竞争力，推动农业高质量发展。农业技术具有扩散效应，某项先进的新农业技术从最初采用者（或采用地区）向外传播，扩散给越来越多的采用者（或地区），新技术得到普及应用，最终促进农业技术进步。农业技术进步通过学习效应显著降低碳减排成本，增加碳减排的社会收益（Gerlagh，2007）。农业技术是对土地、劳动和时间的替代，特别是生态性农业技术可以减少生产性物质投入量及成本、降低劳动力成本和交易费用。农业技术进步有助于有效调整和优化农业要素资源配置结构，吸收和集聚更多资金和农业人才，重新整合农业生产要素、生产组织、生产条件，提高农业生态效率，促使现代农业向更高层级的转型发展，实现现代农业生态化发展（魏玮等，2018）。

2. 农业技术进步对现代农业生态化的非线性影响

非线性影响是指农业技术进步对现代农业生态化的影响系数大小会发生改变，影响效果会受到其他因素的制约。杨钧（2013）、戴小文等（2015）强调农业技术进步提高农业生产效率的同时，可能会降低能源产品价格和通过扩大生产规模导致更多的农机、化肥、农药、农膜的投入，增加要素消耗和农业碳排放量。海德格尔提出，技术既有积极的一面，又有消极的一面（宋圭武，2017）。何秀荣（2018）指出农业技术进步不一定都有助于绿色农业发展，必须要精准细分和定位技术，很多技术可以替代劳动力、土地，抵消收益递减规律给农业带来的负面效应，提高生产效率和经济效益，但并不一定是利于生态环境。农业技术进步对现代农业生态化的影响效应存在一定的外在条件积累，可能受到经济发展水平、人力资本水平、对外开放水平、产业结构、能源消费结构、能源强度的制约（黄杰和丁刚，2014），甚至不同的技术进步类型在降低能源使用和减少碳排放的作用方面也有差异。田云等（2016）认为经济发展水平的提升会带来农业生产技术的变革，农业技术进步带来农业产出与生态产出双增长的正效应更突出，利于低碳农业发展；反之亦然。杨钧（2013）认为随着人力资本的提升，农业技术进步减少农业碳排放的积极作用会逐渐增强。Paxton 在研究中也表明年轻化和受过良好教育的生产者更容易采用先进的农业技术（李林红等，2019），接受新知识和生产经营管理技能，更易开展生态化生产（曾大林等，2013）。人力资本对农业技术的推广有多大的影响在《教育与农业中的创新采用：来自中国杂交水稻的证据》一文中得到实证检验（林毅夫，2005）。市场需求与区位条件也会对农业技术进步产生诱导性作用（曹博和赵芝俊，2017）。经济发展水平更高的区域，有人口、资源、信息集聚效应，绿色和生态消费需求更大，对生态性农业技术创新与研发有显著的推动作用，倒逼现代农业生态化发展。当以牺牲环境换取高农业经济产出，所采取的技术同样不具有可持续性，生态性农业技术进步与技术选择需要与之匹配的制度和政策，因为生态友好型技术的研发方向、经费投入及研发人才队伍构建、技术的推广和应用都会受到制度和政策的影响。需要有合理的制度安排推动先进技术进步与创新，才能更好实现农业经济持续发展（何秀荣，2018）。显然，农业技术进步对现代农业生态化发展的影响是复杂的。

（二）农业制度发展对现代农业生态化发展的影响机制

现代农业生态化发展具有一定的公益性和外部性特征，需要有效的制度安排创造有利的制度环境和支撑条件。现代农业制度制定出发点及动机在各阶段存在差异，不同的制度安排对群体内的主体行为产生不同的影响，对现代农业生态化发展的影响也存在差异，"好"的制度对相关主体的行为产生有效激励和约束，降低和减少农业污染排放（周新德和彭平锋，2019）。现代农业生态化发展的过程实际上也是制度变迁的过程，在这个过程中有关的现代农业制度会产生新的潜在的收益、组织或者群体（个人）操作一项新的制度安排的成本发生改变、制度环境的改变以及利润和分配方式的改变（刘刚，2020），会诱导农户及其他主体的决策动机和经济选择行为。结合前文分析内容，围绕农业经济体制和农业经营体制发展的核心问题，探讨农业制度发展对现代农业生态化的影响机制。

1. 产权明晰化

农地产权制度是农业经济体制改革的核心内容，农业经济体制改革实质上是明晰农地产权，是调整农业生产者的权利束结构的过程，权利束具有排他性、收益性、可让渡性和可分割性，关键权利束（如收益权、转让权等）的具备是有效产权的基本条件（冀县卿，2010）。柴富成（2013）提出农地产权制度对农业经营主体努力的激励效果取决于农地产权权利结构以及各项权利在相关利益主体间的安排，如果产权安排合理，相关农业利益主体越努力，农业生产效率就越高。公茂刚和辛青华（2019）同样认为农地产权的改革方向利于农民，则会不断激励农民的生产积极性，不断优化资源配置，提高农民对农地的投资，资本存量会增加，延伸出技术效率的提高，促进土地流转和农业适度规模经营的发展，产生规模经济效应，实现农业持续性发展。姚洋（2000）提出农地产权的可流转性与排他性将促进农业生产绩效的提升，农地产权的清晰界定与流转顺畅是实现农业生产要素帕累托改进的先决条件，可提高要素的配置效率。

明晰产权是对农户各项专用权的保护，农户拥有更完备、明确、能转移的和可以自由转让的专有权，可降低交易费用和生产经营风险，增加个人经营性收益（卢现祥，2006）。农地产权结构越完整，越能增加农户所拥有的农地产权的延续性和稳定性，提升农户的农地产权强度感知，减少破坏资源和资产的短期行为（冀县卿，2010）。细化农地产权权利结构，农户的利益得到保障，提高农户从农业投资中获得收益的预期，可激励其积极行为、意识和动机，激励其对农业可持续性发展的农业资源和资产的投资，如资金、生态性技术、生态肥料等的投入，内化现代农业发展中的负外部性问题，并提高对未来收益的良好预期。更完整的产权结构，能激励农业生产者获取和接受新的知识、方法和技术，提高农户的素质和经营管理能力，增强农户抵抗未来财产风险的能力，利于其做出更多的积极决策和行为，如展开生态性生产，科学合理使用要素资源，增加生态环境的保护，增强其生态产品的供给动力，并推动现代农业生态化发展，实现现代农业持续发展。因此，农业制度对现代生态化的影响路径为有效的制度安排—农地产权明晰化—农地产权结构越完整—拥有更多的权利束—激励生态化发展的长期投资、新知识的汲取、提高素质能力和强化生态意识—推动现代农业生态化发展。

2. 经营规模化

制度经济学认为，产业变迁的根本原因是劳动分工和制度安排的变化（邬爱其和贾生华，2003）。社会分工带来效率但不强调合作则会增加交易费用，制度安排的变化就是为主体创造合作的机会，降低交易费用及减少不确定性和风险（卢现祥，2006）。农业经营体制创新是以一定规模的土地为依托，以规模化经营为前提，通过经营主体自身规模化和经营服务面积规模化，以更高效的形式应用现代农业技术，降低机会成本和生产经营平均成本；整合农业生产要素资源，提高资源利用效率，有利于生态环境保护，促进农业产业化发展，实现农业的规模经济性和增加生产经营的边际报酬（张红宇，2018）。

在现代农业发展和创新农业经营体制过程中，重新构建农业生产经营主体间的合作关系，调整主体间利益分配比例和结构，重新界定和明确主体间合作的权利、义务和内容，有助于实现专业化分工，产生更高的效率、收益和降低成本，促进农业相关产业发展，有利于现代农业产业结构优化升级。专业化分工进一步为农业发展提供专业的人才、技术、资金、信息等服务，为生态农产品种植、加工、包装、物流等提供专业服务，有利于生态要素流通、资源集聚和资本深化，实现生态产业集群，为现代农业生态化发展提供充足的基础与条件。规模化经营有利于增加对农产品生产、加工过程和质量的控制，保障生态性要素和服务供给，提高资源利用效率，降低交易费用，分散农业生产者生产经营风险，增加经营主体潜在收益，促进农业生产经营者实现规模化、集约化、标准化、生态化生产和经营，有效带动更多生产者和其他经营主体参与到生态化生产，推动现代农业生态化发展。因此，农业制度对现代生态化的影响路径为有效的制度安排—重构主体间的合作关系和利益分配结构—促进专业化分工—提高运作效率及收益、降低交易费用和风险—有利于集约化、标准化、规模化经营—推动现代农业生态化发展。

（三）其他因素对现代农业生态化发展的影响分析

除了农业技术与农业制度对现代农业生态化发展有一定影响，国内外的市场需求压力、生态性农产品的属性、甄别技术与标准供给不足等因素也会影响现代农业生态化发展。

1. 国内外市场需求的拉动力

（1）国内消费者对农产品安全的迫切诉求。民以食为天，食品安全具有较高的收入弹性，城乡居民收入增加，人们的食品安全意识随之增强，会增加对食品安全和品质的需求，特别是对优质安全有品牌的农产品有更加迫切的需求（王宝义，2018）。拥有越高的环保意识和生态消费需求的消费者，越偏好于溢价购买生态产品，消费者的生态需求力量推动生态产品与普通产品的比例关系的改变，将市场机制传递给农业生产端，职工将改善生态产品的技术、生产管理方式、生产结构等（张建平，2020），建立绿色供给链和价值链，有利于推进现代农业生态化发展。

（2）国际贸易中的绿色壁垒标准更加严格。随着"一带一路"倡议的推行，各国间的贸易关系更加紧密。但是在农产品进出口贸易中，世界各国均制定严格的绿色标准，在低碳、汇率、知识产权等领域设置了贸易壁垒（沈国际和魏皓阳，2017），原因之一无疑是对其本国消费者健康的考虑。绿色壁垒的提高要求更高品质的农产品，要求农产品生产、使用、消费和处理都与环境密切相关（王宝义，2018），该点与现代农业生态化发展对农产品的要求契合。对于国内农业主体而言，既是外在的压力又是现代农业生态化发展的动力，压力在于壁垒标准的提高倒逼国内农业转型升级，增加生态转型生产成本，动力是生产主体为了提高农产品国际竞争力和增加收益，优化农业资源，减少环境污染，便利化出口交通及通关程序，有利于现代农业生态化发展。

2. 现代农业生态化自身特征符合农业发展模式转变的需求

现代农业生态化具有投入产出比优势，现代农业生态化发展中要通过推广使用生态性农业技术、制订污染防控及资源化计划、控制农业用水总量、减少化肥和农药使用量，优化农业资源利用结构，以节约资源和提高各生产要素利用效率；资源化农业非期望产出，保障农业产出水平与质量，发挥农业生态功能，同时在农业内部产业间，农业生产、分配及流通各环节间，三次产业间协调发展，推动生态化、绿色化、循环化与低碳化发展，显然，具有明显的低投入、高产出、低排放、低污染的特征。加州大学伯克利分校阿尔蒂埃尔教授通过研究得到：石油农业的能量投入产出比为 1∶2~1∶3，而生态农业则达到 1∶15~1∶30，生态农业更具节能优势。现代农业生态化发展还具有高效性与持续性的特征。现代农业生态化发展不仅要提高农业生态效率，还要保证经济效益和社会效益，实现资源节约、环境保护、生态保育和食品安全，所以具有高效的综合优势与特征。现代农业生态化发展是通过科学合理开发和利用资源，通过环境友好的发展模式和系统化的资源共生作用，改善生态环境，保持资源系统的生态平衡，是一种可持续的发展模式。

3. 现代农业生态产品供需动力不足

（1）生态性农产品市场价格高，市场需求动力不足。生态农产品的产品生态属性具有更高价值与效益，能够产生溢价效应，但生态农产品的绿色、有机、无公害及生态性的属性鉴定与认证的成本也会体现在市场价格方面。生态性农产品市场价格高会影响生态产品市场供给与需求。经济学中的需求是由需求欲望与支付能力两部分组成，居民收入增加对绿色生态安全产品的追求高，但生态产品市场价格超过了消费者接受的溢价水平，多数消费者无力承担高价格的生态产品，支付意愿不够，市场上生态产品的流量较小，生态产品的需求动力不足。

（2）生态化生产成本和风险高，市场供给动力不足。供给同样需要具备供给意愿及能力。现代农业生态化发展虽然有环境效益，但对农户来说，可获得的市场收益和高收入，才是最主要的决定因素（杨玉苹等，2019）。农户对生态化发展的生态服务功能所产生的溢价的感触低，现代农业生态化发展需要相应的基础设施、农机装备和相匹配的生态性农业技术，若无政府、农业企业、合作社或其他中介组织分担费用，无疑增加其成本和风险；此外，控制常规化肥、农药等化学投入品的数量，短期内可能会影响农产品产量，影响收益；使用环境友好型的有机肥、生物肥、生物农药或者降解膜等生态性的投入品，保持产出水平时的同样会增加生产成本；一旦市场变化或受灾，农户所受损失相比常规生产更大。无法保证更多收益时，农户采用生态性农业技术和实施生态性生产动机与意愿低（王笑丛，2018）。有学者提出农户作为理性人，收益最大化是其生产的主要目的，农户更关心成本支出，当生物农药价格高，农户在心理上会产生认知冲突（郭利京和王颖，2018），会权衡产量、成本、收益及损失的关系，经济性仍是决定其是否采取生态性生产行为的主要依据（黄祖辉等，2016）。

（3）缺乏生态性农产品质量甄别标准，抑制现代农业生态化发展。现代农业生态化的产品是优质生态安全产品，但是存在质量甄别问题，产品属性特征难以辨识，不利于拉动市场需求，抑制现代农业生态化发展。生态产品的安全具有隐蔽性和效果滞后性，消费者仅能通过外观区分，但难以辨识产品的真实性，难以准确地体察到生态食品对身体健康的良好效果。在交易中，由于信息不对称，消费者处于弱势方，若无健全的信息传递机制，易滋生逆向选择和机会主义行为，造成优质生态安全产品不具有竞争力且被"驱逐"市场，抑制和打击采取生态性生产方式的农户的积极性，降低消费者对生态产品的信任度及需求，不利于现代农业生态化发展。此外，农产品质量管理体系的不健全，农产品质量标准分级目的不明确，不能为各主体提供统一科学合理的标准。在认证方面，专业技术和认证人才的缺失，认证费用高，监管法律法规体系不健全，制订的法律法规可操作性差（陆洋，2018），这些无疑都不利于现代农业生态化发展。兵团的统一标准分级依据不同，分级标准与检验认证结合不密切，标准制定水准过低（臧佳和田尉婧，2019）。

三、本章小结

本章侧重于从农业技术与农业制度发展两方面分析兵团现代农业生态化发展现状及影响机制。

第一，兵团具有自己特色的"十大"主体技术和六项精准技术构成的现代农业技术体系，在农业生产中广泛应用智能化、信息化、数字化技术，并不断创新与研发生态性技术。兵团现代农业机械化程度和农业技术贡献效率高，均高于全国平均水平。大部分师团初步形成了农业技术创新动力机制，具有较为完整的"师（市）—团—连队"农业技术研发与推广体系；科研机构、大学及农业龙头企业等主体间紧密合作，建立了"产学研"科研体系；建成了大批农业技术示范基地和示范园区。

兵团农业技术发展中存在的问题：①兵团各师间农业科技水平、创新能力及技术应用存在差异，农业经济发展相对滞后的边境师（市）囿于常规农业技术和农机设备的引进、消化与吸收，农业科技体系不健全，只有"师（市）—团"二级体系，连队无专职农业技术人员。②兵团现代农业技术供需不匹配，兵团团场与职工对农业技术产生效益的期望值存在差异，农业科研机构的技术指导与培训内容过于理论化，与实际生产需要脱节。缺少农业科技人才和农业科技转化率低；农业技术推广机构间缺乏合作与竞争机制。农业企业和中介服务机构未能成为具有竞争力的农业技术创新和服务供给主体。③现代农业技术研发与应用中，技术单一多，综合配套少；产中应用多，产前产后应用少；低度改良多，创新突破少；常规成果多，生态技术少。④缺少与生态性技术研发与应用相匹配的环境经济政策支持，鉴于生态性农业技术的研发与推广成本高，生态性农业技术的使用率低。

第二，兵团"党政军企"合一的特殊管理体制具有一定的行政强制性，在该制度环境下，农业经济体制和农业经营体制同样具有特殊性，呈现出自上而下的强制性制度变迁。兵团农业经济体制从计划经济为主导向市场经济为主导改变，以农地产权制度为核心，逐渐形成了以职工家庭承包经营为基础、统分结合的双层经营的制度基础。2017年团场综合配套改革，较为彻底地改变和确定了团场与职工在农业生产经营中的身份，通过农地确权和取消"五统一"，职工获得充分的经营自主权，职工生产积极性更高，土地投资的意愿增强，职工可以通过土地出租、入股等形式促进土地流转和集中，实现规模化经营。农业经营主体规模不断变大，职工自发成立合作社，与农业企业、农业生产性服务组织合作，实现抱团发展。

但农业制度发展中也存在问题：①农业经济体制变迁具有时滞性，因农地确权，职工分割为小农户，兵团现代农业组织程度和社会程度可能会下降，先进技术可能会倒退，会减缓现代农业生态化发展进程。②兵团农业生产性服务水平低，新型农业经营主体发展滞后和经营规模小、缺乏经营专业人才和经营战略眼光和意识，对新技术、品种和先进的管理模式的接受度低，组织管理不规范和机制不健全，缺乏现代企业制度，组织结构松散，产权不明晰，组织可持续发展能力弱，服务层次低等。③兵团出台了有关绿色农业发展的政策和法规，但有关政策较为宏观，多为原则性、号召性规定，未能落到具体事项中，操作性不强，其作用的发挥在实践中受限，效果不明显，还需结合兵团现代农业发展实际提出切实可行的政策。

第三，对兵团资源禀赋与生态环境现状分析可知，兵团农业属于绿洲灌溉农业，农业发展中资源与环境约束性大，生态环境先天脆弱，生态资源总量严重不足。在"高投入、高污染、高产出"的生产方式下，农业化肥污染量、农药污染量、地膜残留量及农业碳排放不断增多，兵团耕地肥力明显不足，耕地质量下降和水资源短缺。另外，兵团农业劳动资源相对不足且素质不高。对兵团生态产品市场与"三品"发展现状进行分析发现，兵团生态产品的市场需求不断扩大，"三品"发展趋好，"三品"产品不断增加，但因缺乏生态产品甄别标准和系统，认证体系和农产品质量体系不健全，导致兵团外消费者难以甄别兵团优质农产品质量，降低生态产品市场需求量。

第四，在现代农业生态化影响机制分析中，可知农业技术主要通过技术溢出效应和学习扩散效应对现代农业生态化发展产生影响，但影响效应可能会受到如人力资本、农业经济发展水平、制度等其他因素的制约。通过产权明晰化和经营规模化可以更好地实现现代农业生态化发展。此外，国内外的市场需求压力、生态性农产品的属性、甄别技术与标准供给不足等其他因素也会在不同程度上影响现代农业生态化发展。

第四章　兵团现代农业生态化
发展的评价分析

　　评价现代农业生态化应充分考虑平衡农业投入、农业产出与生态效率之间的关系。其中，生态效率是经济效率和环境效率的一个综合效率（庞家幸，2016），是产业生态化的一种表现形式（陆根尧等，2012），农业生态效率是生态效率的延伸和拓展，兼顾农业的生产性和生态性特征，反映了农业经济增长和资源环境协调发展的关系，是评价现代农业生态化水平的一个关键核心指标（王宝义，2018）。此外，现代农业生态化从属于产业生态化，陈柳钦（2006）认为产业生态化是产业在自然系统承载能力内，对特定地域空间内产业系统、自然系统与社会系统之间进行耦合优化，达到充分利用资源，消除环境破坏，协调自然、社会与经济的持续发展，反映了产业生态化或农业生态化的测评是一个系统工程，所包含的内涵更加丰富，生态化的评价不仅要考虑到生态效率，还应涉及农业产业发展、资源利用与生态环境承载力等方面。因此，本书基于"效率—综合"的角度，分两步骤展开兵团现代农业生态化发展的评价分析工作。这两部分存在递进与分总的关系，第一部分农业生态效率测评分析，从效率的角度反映现代农业生态化发展的基本水平；第二部分在第一部分测评基础上，基于综合系统视角，从生态效率、经济发展、资源利用及生态环境四个子系统构建现代农业生态化发展综合评价指标体系，先后综合评价兵团及各师的现代农业生态化发展时序变化并确定了兵团现代农业生态化发展阶段；基于障碍度诊断各障碍因子对现代农业生态化的影响；运用基尼系数、对数离差均值和泰尔指数测算了兵团现代农业生态化的区域差异，针对各师情况提出适宜的差异化发展战略。

一、兵团现代农业生态效率测评分析

（一）测评方法与指标数据

1. 农业生态效率测算方法

（1）DEA-SBM 模型构建。DEA 方法现为测算分析生态效率的最广泛的方法，其相比单一比值法、能值分析方法、随机前沿分析法和生态足迹分析法等评价方法在处理多投入、多产出时具有优势，可解决单个指标测算的片面性和简单加总方式得到综合指标效率的困难性，不需要进行函数的预设，不受投入产出项计量单位的影响，能更具有弹性地整合和处理多项投入产出结果，实现决策单元的有效率状态。DEA 的模型多种多样，最基本的模型有 CCR 模型、BCC 模型、SBM 模型，其中，DEA-SBM 模型是一种考虑松弛测度的处理，考虑了非期望产出对效率测度的影响，测算结果更加科学和准确（周利梅和李军军，2018）。本书构建的农业生态效率测算体系包含了农业碳排放量和农业污染排放非期望产出，为了能有效处理投入、期望与非期望产出，选取 DEA-SBM 模型测算分析兵团现代农业生态效率。

有关 SBM-Undesirable 模型的基本原理如下（李珊珊等，2019）：

假设农业生产中有 n 个决策单元（DMU），记为 $DMU_j (j=1, 2, \cdots, n)$；每个 DMU 有 m 种投入，其元素 $x \in R^m$，记为 $X = (x_i, x_2, \cdots, x_m) \in R^{m \times n}$，且 $x_i > 0$；有 s_1 种期望产出（$y^g \in R^{s_1}$），记为 $Y^g = (y_1^g, y_2^g, \cdots, y_n^g) \in R^{s_1 \times n}$；有 s_2 种非期望产出（$y^b \in R^{s_2}$），记为 $Y^b = (y_1^b, y_2^b, \cdots, y_n^b) \in R^{s_2 \times n}$，且有 $y_i^g > 0$，$y_i^b > 0$。则 SBM-Undesirable 模型如下所示：

$$\begin{cases} \rho^* = \min\rho = \min\left(1 - \dfrac{1}{m}\sum_{i=1}^{m}\dfrac{s_i^-}{x_{i0}}\right)\left[1 + \dfrac{1}{s_1+s_2}\left(\sum_{i=1}^{s_1}\dfrac{s_i^g}{y_0^b} + \sum_{i=1}^{s_2}\dfrac{s_i^b}{y_{i0}^b}\right)\right] \\ \text{s. t. } x_0 = X\lambda + s^-, \quad y_0^g = Y^g\lambda - s^g, \quad y_0^b = Y^b\lambda + s^b \\ \lambda \geqslant 0, \quad s^- \geqslant 0, \quad s^g \geqslant 0, \quad s^b \geqslant 0 \end{cases} \tag{4-1}$$

其中，s^-，s^g，s^b 均为松弛变量，分别表示投入冗余、期望产出不足、非期望产出冗余。ρ^* 表示决策单元的农业碳排放效率，区间为 $[0,1]$，当 $\rho^*=1$，即 s^-，s^g，s^b 均为零时，决策单元完全有效率，反之表示决策单元无效或存在效率损失，投入产出还有可改进的空间。同时，可以根据 SBM-Undesirable 模型分解出相应的无效率项，即 $\dfrac{1}{m}\sum_{i=1}^{m}\dfrac{s_i^-}{x_{i0}}$，$\dfrac{1}{s_1}\sum_{i=1}^{s_1}\dfrac{s_i^g}{y_{i0}^g}$，$\dfrac{1}{s_2}\sum_{i=1}^{s_2}\dfrac{s_i^b}{y_{i0}^b}$，分别对应投入无效率、期望产出无效率和非期望产出无效率（王宝义和张卫国，2016；王宝义，2018）。

（2）Malmquist 指数。为了进一步分析农业生态效率变动情况及影响效率变动的因素，本书利用 DEA-Malmquist 指数展开分析，该指数是效率动态评价方法，用于衡量跨期效率的变动情况。该方法是利用距离函数的比率来计算决策单元从基期 t 到 t+1 期的投入产出变化关系，其表达式：

$$M_0 = (x_t, y_t, x_{t+1}, y_{t+1}) = \left[\frac{D_0^t(x_{t+1}, y_{t+1})}{D_0^{t+1}(x_t, y_t)} \times \frac{D_0^t(x_{t+1}, y_{t+1})}{D_0^t(x_t, y_t)}\right]^{1/2} \tag{4-2}$$

式（4-2）中，(x_{t+1}, y_{t+1}) 和 (x_t, y_t) 表示（t+1）时期与 t 时期投入和产出向量；D_0^t 和 D_0^{t+1} 表示以 t 时期技术 T^t 为参照，t 时期和 t+1 时期的距离函数。Malmquist 指数还可将生产率分解为效率变化指数（TEC）和技术进步指数（TC），效率变化指数进一步可分解为纯技术效率指数（PTEC）和规模效率指数（SEC），则 Malmquist 指数变化最终可表示为：

$$\begin{aligned} M_0 = (x_t, y_t, x_{t+1}, y_{t+1}) &= \left[\frac{D_0^t(x_{t+1}, y_{t+1})}{D_0^{t+1}(x_t, y_t)} \times \frac{D_0^t(x_{t+1}, y_{t+1})}{D_0^t(x_t, y_t)}\right]^{1/2} \\ &= \frac{S_0^t(x_t, y_t)}{S_0^t(x_{t+1}, y_{t+1})} \times \frac{D_0^t(x_{t+1}, y_{t+1}/VRS)}{D_0(x_t, y_t/VRS)} \times \left[\frac{D_0^t(x_{t+1}, y_{t+1})}{D_0^{t+1}(x_{t+1}, y_{t+1})} \times \frac{D_0^t(x_t, y_t)}{D_0^{t+1}(x_t, y_t)}\right]^{1/2} \\ &= TEC \times TC = PTEC \times SEC \times TC \end{aligned} \tag{4-3}$$

式（4-3）中 M_0 为 Malmquist 指数，（x_{t+1}，y_{t+1}）和（x_t，y_t）表示（t+1）时期与 t 时期投入和产出向量；D_0^t 和 D_0^{t+1} 表示 t 时期和 t+1 时期的距离函数。Malmquist 指数可将效率分解为综合技术效率变动指数（TEC）和技术进步效率变动指数（TC），综合技术效率变动指数进一步可分解为纯技术效率变动指数（PTEC）和规模效率变动指数（SEC）（许朗等，2014）。其中，$M_0>1$ 表示从 t 时期到 t+1 时期农业生态效率水平提高，反之则下降；TEC 表示从 t 时期到 t+1 时期每个决策单元对生产前沿面的追赶程度，若 TEC>1 表示决策单元向前沿面趋近，效率提高，反之效率下降；TC>1 表示生产可能性边界的向外移动，即技术进步，反之则技术退步；PTEC>1 表示变动规模报酬下效率改善，反之则效率下降；SEC>1 表示相对于 t 期，第 t+1 期更接近最优生产规模，反之则偏离最优生产规模。

2. 指标处理方法：熵值法

利用 DEA 测算效率时，为提高分析结果的可信度与可解释性，要求决策单元 DMU 数量同时满足 n≥max ｛m×n，3×（m+q）｝。投入产出指标间不存在高度相关性，数量不宜过多且尽量包括全面内容，指标数值尽量不要使用比率，为了解决该问题，可以借助熵值法对相关指标进行处理。

熵值法是一种多指标综合评价的重要方法，它通过抽取各指标提供的原始信息，客观地为指标赋权，实现指标的综合评价（王宝义，2018）。设第 i 个决策单元的第 j 项指标记为 X_{ij}（i＝1，2，…，m；j＝1，2，…，n），基本算法如下（牛敏杰，2016）。

熵值法的主要原理：n 个考察对象，m 项评价指标，原始指标矩阵 $X＝(x_{ij})_{m×n}$，对该矩阵标准化可得：$R＝(y_{ij})_{m×n}$，其中，i＝1，2，…，m；j＝1，2，…，n，y_{ij} 为第 j 个评价对象在第 i 项评价指标上的标准值，$y_{ij}∈[0，1]$。对于某项指标，其值的差距越大，信息熵越小，则指标的信息量权重越大，则该指标在综合评价中的作用越大（岳文辉等，2013）。具体步骤为：

第一步，将原始数据进行标准化处理。由于所选取的各指标单位和属性不同，为消除各变量指标间不同量纲对评价结果的影响，需要对指标数据进行标准化处理。本书采用极值法对数据进行处理，正向指标越大对生态化正向效应也越强，负向指标越大则对生态化负向效应越强（兰君，2019；姚成胜和朱鹤健，2007；王宝义，2018）。

对于正向指标（即指标值越大越好），令：

$$y_{ij} = (1-\alpha) + \alpha \times \frac{x_{ij} - x_{jmin}}{x_{jmax} - x_{jmin}} \qquad (4-4)$$

对于逆向指标（即指标值越小越好），令：

$$y_{ij} = (1-\alpha) + \alpha \times \frac{x_{jmax} - x_{ij}}{x_{jmax} - x_{jmin}} \qquad (4-5)$$

式（4-4）和式（4-5）中：$0<\alpha<1$，一般取 $\alpha=0.9$，x_{jmin} 和 x_{jmax} 分别表示评价单元内该项指标的最小值和最大值。无论是正向指标还是负向指标，原始数据 x_{ij} 经过上述变换后得到 y_{ij}，在无量纲化的同时也实现了指标的同向化，即无论 x_{ij} 是正指标还是逆指标，y_{ij} 总是越大越好（王宝义，2018）。

第二步，对处理过的数据做比重变换。

$$P_{ij} = \frac{y_{ij}}{\sum_{i=1}^{m} y_{ij}} \quad (i=1,\ 2,\ \cdots,\ m;\ j=1,\ 2,\ \cdots,\ n) \qquad (4-6)$$

第三步，计算指标的熵值 E_j。

$$E_j = -K \sum_{i=1}^{m} P_{ij} \ln P_{ij} \quad (j=1,\ 2,\ \cdots,\ n,\ K=1/\ln m) \qquad (4-7)$$

如果 $P_{ij}=0$，定义 $\lim_{y_{ij} \to 0} P_{ij} \ln P_{ij} = 0$，使标准化值为零时也有意义。通过 $d_j = 1-e_j$（其中，$0 \leq d_j \leq 1$）得到指标的效应值。

第四步，计算指标差异系数 d_j，该系数越大，则第 j 项指标越重要，计算公式为：

$$d_j = 1 - E_j \quad (j=1,\ 2,\ \cdots,\ n) \qquad (4-8)$$

第五步，对 d_j 做归一化处理，作为各指标的权重。

$$w_j = \frac{d_j}{\sum_{j=1}^{n} d_j} \quad (j=1,\ 2,\ \cdots,\ n) \qquad (4-9)$$

w_j 的确定取决于各评价指标的固有信息，因此称为客观权重。同一评价指标 j 对于不同的对象可能有不同的客观权重 w_j，以此作为熵值法进行农业生态化评价的权重系数（岳文辉等，2013）。

第六步，计算各子系统综合评价指数值：

$$Z_i = \sum_{j=1}^{n} w_j P_{ij} \qquad (4-10)$$

3. 指标体系构建及说明

兵团位于中亚干旱区，农业属于绿洲灌溉农业，人均土地规模较大，农业机械化水平高，农业生产从播种到收割等各环节均有使用农机，节水灌溉技术领先并普遍使用，但同样也在走一条"高投入、高产出和高排放"的道路。因此，在前人研究成果基础上，结合兵团农业的现实条件与特征，本书以广义农业为研究对象，遵循指标选取科学性原则、系统性原则、可操作性原则、可比性原则和数据可获得性原则，因地制宜地根据研究内容、目的与实际情况做出调整，选取合理的评价指标。本书中农业生态效率作为衡量现代农业生态化水平的核心指标，实质上是生态经济效率，评价指标的选定既要包含经济内涵又要包含生态内涵，还要体现农业产出、农业投入与生态影响。因此，拟定兵团现代农业生态效率评价指标体系如表4-1所示。

表4-1 兵团现代农业生态效率评价指标体系

一级指标	二级指标	变量
投入指标	劳动投入	第一产业年末从业人员（人）
	资本投入	第一产业固定资本投资（万元）
	电力投入	农村用电量（万千瓦·小时）
	农业机械投入	农业机械总动力（千瓦）
产出指标	期望产出	农林牧渔总产值（万元）
	非期望产出	农业碳排放总量（万吨）：农用物资、农业灌溉、翻耕土地、动物养殖产生的碳排放总和
		农药污染排放：化肥污染量、农药污染量和地膜残留量

资料来源：笔者整理。

就表4-1对各项指标表征变量进行解释说明：

（1）劳动力投入。书中选取第一产业年末从业人员（人）来表征。

（2）资本投入。农业资本投入量为流量，很难具体核算，有研究学者采用永续盘存法计算出的农业资本存量来替代，因受统计数据的限制，本书难以计算出农业资本存量指标值，故而转向采用第一产业固定资本投资额（万元）作为农业资本投入的代理指标。

（3）农业机械投入。机械化是现代农业的重要特征，以农业机械总动力（千瓦）表征。

（4）期望产出。农林牧渔总产值（万元）是农业产出的最直接体现，选取该指标表示期望产出，所有数据均调整为以1999年为不变价格的产值。

这四种指标均可从统计资料中获取。本书研究中的非期望产出农业碳排放总量和农业污染排放的数据均没有专业统计，因此，需要对这两个变量的具体由来逐一进行详细说明。书中将这两项指标作为非期望产出，既拓展了现代农业生态化发展的低碳发展内涵，又使得农业生态效率的评价更具全面性，这也是本书的独到之处。

（5）农业碳排放总量。该指标有专门的测算函数，如下所示：

$$E = \sum E_j = \sum T_j \times \delta_j \qquad (4-11)$$

式（4-11）中，E为农业碳排放总量；j为碳源种类；E_j表示各种碳源的碳排放量；T_j表示某要素投入量；δ_j表示碳排放系数。经过对前人研究成果的整理发现，不同研究者因不同数据可获得性、研究对象和目的的不同，选取的碳源种类不同。具体如表4-2所示。

表4-2　国内学者农业碳源选择情况

学者	碳源种类
赵其国（2009）	农业投入品（有机肥、化肥、农药等）；农业机械的制造与使用
黄祖辉和米松华（2011）	化肥、农膜、农药；煤炭、柴油等农用能源消耗；水稻种植排放牲畜肠道发酵；牲畜粪便管理；秸秆燃烧
李波等（2011）、田云等（2016）、王惠等（2015）、王丽影（2017）	化肥；农药；农膜；农用柴油；土地翻耕；灌溉
刘华军等（2013）	化肥；农药；农膜；农用柴油；土地翻耕；灌溉；秸秆燃烧
吴贤荣等（2014）	化肥；农药；农膜；农用柴油；土地翻耕；灌溉；动物养殖
王宝义（2018）	化肥；农药；农膜；农用柴油；农业灌溉；农业播耕

资料来源：由笔者整理所得。

兵团农业生产主要通过大量使用农用物资、农业机械和节水灌溉等措施来提高农业经济增长水平，畜牧业不断优化升级，畜牧养殖规模不断扩大。因此，结合兵团农业发展现实情况，本书从农用物资、农业灌溉、翻耕土地和动物养殖四个方面确定具体的碳源因子及对应的碳排放系数。其中，农用物资包括化肥、农药、农膜、柴油四大类，以当年实际使用量为准；翻耕土地所导致的氧化亚氮排放，以当年农作物实际播种面积为准；动物尤其是反刍动物养殖带来的甲烷气体排放，本书仅选取猪、牛、羊三大主要牲畜作为测度，参照各年末存栏数据进行适当修正（吴贤荣等，2014）。具体如表4-3所示。

表4-3　碳源碳排放系数及具体指标

类别	碳源	具体指标	排放系数	数据参考来源
农用物资	化肥（kg CE/kg）	化肥实际使用量（t）	0.8956	ORNL（美国橡树岭国家实验室）
	农药（kg CE/kg）	农药使用量（kg）	4.9341	ORNL
	农膜（kg CE/kg）	农用塑料薄膜使用量（t）	5.1800	IREEA（南京农业大学农业资源与生态环境研究所）
	柴油（kg CE/kg）	柴油使用量（t）	0.5927	IPCC（联合国政府间气候变化专门委员会）
农业灌溉	灌溉（kg/km^{-2}）	有效灌溉面积（km^{-2}）	20.4760	Dubey A. 等
翻耕土地	翻土（kg CE/km^{-2}）	农作物实际播种面积（km^{-2}）	312.6000	IABCAU（中国农业大学农学与生物技术学院）
动物养殖	猪（kg CE/（头·年））	猪年末存栏数（头）	34.0910	IPCC
	牛（kg CE/（头·年））	牛年末存栏数（头）	415.9100	IPCC
	羊（kg CE/（头·年））	羊年末存栏数（头）	35.1819	IPCC

资料来源：笔者整理。

（6）农业污染排放。农业污染典型表现为面源污染，在前人研究中，多通过计算有机物的COD、TN和TP表示，实质上这些污染物是由化肥、农药、农膜等过度使用造成的，本书主要采用化肥污染量、农药污染量和地膜残留量表征污染水平（王宝义，2018）。其中，化肥污染量＝化肥实际施用量×（1－化肥有效利用率）＝化肥实际施用量×60%；农药污染量＝农药使用量×（1－农药有效利用率）＝农药使用量×50%；地膜残留量＝地膜使用量×（1－地膜利用率）＝地膜使用量×10%（刘飞翔等，2015）。化肥和地膜有效利用率根据兵团出台的《"十三五"时期兵团农业现代化发展规划》所做出的要求，农药利用率比例50%来自兵团农业技术推广总站。计算出这三类污染量后，根据上述的熵值法步骤再将三项污染量核算为农业污染排放综合指数。

需要说明的是，书中劳动和农机投入指标是现有研究共识较高的指标，本书不同之处是未将土地、农用物资等各项指标加入，主要原因有两个：一是现有相关研究中并未考虑过投入指标和产出指标间是否存在重复计算的问题；二是把农业碳排放和农业污染排放作为非期望产出，实际上相当于已经将化肥、农药、农膜和柴油等农用物资以碳化和污染排放的形式纳入评价指标体系，所以本书并未将农用物资各项指标作为投入指标，实则有利于评价指标体系更科学化与精细化，这也是本书有别于其他研究的一个创新点。最基本的生产要素有劳动、土地、资本与企业家才能。固定资产投入也是形成资本存量的主体因素，因此，本书在投入指标中加入了资本投入一项。选取的投入指标基本能够表征兵团农业投入的基本情况。

非期望产出指标选用基于现实问题的考量，2007年IPCC（联合国政府间气候变化专门委员会）发布的第四次评估报中指出农业生产是全球温室气体排放的第二大来源（秦大河等，2007），2015年我国出台的《到2020年化肥使用量零增长行动方案》和《到2020年农药使用量零增长行动方案》，以及2016年国务院关于印发《"十三五"控制温室气体排放工作方案》中明确提出到2020年化肥和农药实现零增长，农田氧化亚氮排放达到峰值，由此可知，非期望产出应同时包括农业污染排放和农业碳排放，该点与现代农业生态化发展中的低碳内涵一致，也使农业生态效率的评价更全面。

4. 数据来源及特征

本书分析样本为兵团13个师（兵团第十一师和兵团直属除外[①]），时间跨度

[①] 第十一师又称为新疆生产建设兵团建筑工程师，主要从事建筑施工和国资经营等事业，该师截至2016年总人口数为68395人，农业人口只有22人，农林牧渔总产值为1826万元，另外该师从2008年才发展第一产业，相比其他13个师，农业经济总体水平较低，因此，在本书研究中并未将该师纳入样本范围。

为 1999~2018 年。数据主要来源于历年《新疆生产建设兵团统计年鉴》、新疆生产建设兵团官网、历年兵团经济社会统计公报和兵团农业部门相关资料。对书中所涉及价格度量的指标均采用 GDP 平减指数剔除物价因素的影响。兵团各师 1999~2018 年指标数据描述性统计如表 4-4 所示。

表 4-4　1999~2018 年兵团各师指标数据的描述性统计

变量	最小值	最大值	均值	标准差
劳动	5475.000	87340.000	34840.470	21668.280
资本	867.000	556221.000	39735.460	56918.470
机械	5102.000	973195.000	235109.000	192324.100
总产值	5517.682	2371543.000	333372.200	397911.300
碳排放	0.626	49.234	12.607	9.867

注：数据单位与表 4-2 一致，由于农业污染排放数值为相对数，未将其列出。农业碳排放和农业污染两个指标数据特征及表现具体见第三章。

资料来源：笔者整理。

（二）农业生态效率整体分析

本书以 DEA-SOLVER PRO 为计算平台，利用兵团 13 个师 1560 个数据，共 260 个决策单位，测算兵团农业生态效率。由于在不同规模报酬和权重下，测算出的结果可能存在差异，因此，本书同时测算了不变规模报酬（CRS）、一般规模报酬（GRS）和可变规模报酬（VRS）三种不同条件下的结果，如图 4-1 所示。总体来看，从 CRS 到 GRS 再到 VRS 限定条件逐渐放宽，CRS 条件下测算出的农业效率值最小，GRS 条件下的效率值居中，VRS 条件下的效率值最大，一般规模报酬和可变规模报酬一致性程度较高，因此本书最终选择一般规模报酬（GRS）条件下的测算结果作为分析基础。同时，再依次测算了期望产出和非期望产出总权重分别为 0.4 和 0.6、0.6 和 0.4、1.0 和 1.0 的三种情况，从测算结果来看，不同权重下的结果相差不大，因此最终选择了 DEA-SOLVER PRO 平台默认值[①]，即期望产出与

---

　① 一般规模报酬（GRS）范围采用平台默认的 0.8~1.2，期望产出和非期望产出总权重分别选择平台默认的 1。

非期望产出权重比为1。

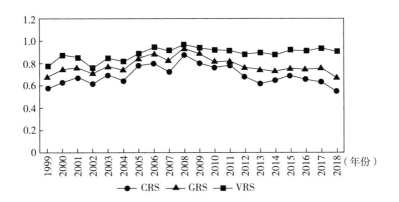

图 4-1 1999~2018 年兵团农业生态效率平均值变动趋势

资料来源：笔者整理。

在一般规模报酬 GRS 限定条件下，1999~2018 年兵团农业生态效率呈下降的趋势，均值为 0.780，具体可以分为两个阶段：1999~2008 年兵团农业生态效率整体增加，1999 年农业生态效率均值为 0.679，到 2008 年效率达到最高值，为 0.941；2009~2018 年农业生态效率总体下降，到 2018 年效率值降至 0.677。兵团农业生态效率值具体如表 4-5 所示。

表 4-5 1999~2018 年兵团农业生态效率值

年份	效率值	年份	效率值
1999	0.679	2009	0.880
2000	0.751	2010	0.812
2001	0.764	2011	0.822
2002	0.711	2012	0.759
2003	0.771	2013	0.744
2004	0.744	2014	0.732
2005	0.846	2015	0.757
2006	0.880	2016	0.749
2007	0.818	2017	0.760
2008	0.941	2018	0.677

资料来源：笔者整理。

结合研究期间有关农业发展环境和政策驱动因素，可以更好地了解兵团农业生态效率变动趋势。[①] 农业经济体制改革后，改变了传统的"团场出钱，职工种地、放牧，负盈不负亏"的经营模式，农业生产风险的承担主体由团场转变为职工，增强了职工的风险意识，职工获得部分土地使用权和经营权，调动了团场职工生产积极性、创造性（刘俊浩，2008），但因当时农业生产条件、基础设施均较为落后，农业机械设备和农业节水灌溉技术推广和使用面积小，在增产增收的经济任务和目标下，职工生产方式粗放，为了降低生产成本与生产风险、提高总产出和增加收益，最优选择是采取大水漫灌和大量使用农业化学投入品，不科学的生产经营方式无疑会导致农业生态环境恶化，增加农业污染排放和农业碳排放，降低农业生态效率。

2003~2008 年兵团农业生态效率整体上升。兵团作为全国最大的农垦企业，既是全国重要的粮棉生产基地，又是"一带一路"倡议的核心阵地和我国向西开放的窗口。所以，兵团农业生产受宏观政策环境的影响较大。自 2000 年西部大开发战略出台后，规划中强调要挖掘西部地区新的经济增长点，还明确要求提高生态环境质量；2004 年开始"中央一号文件"回归农业问题，大多直接或间接涉及农业生态方面，包括污染防治和农业生态修复等，对保护兵团农业生态资源与环境提供了政策支持。兵团自 1996 年开始试验研究膜下滴灌技术（谭爱花等，2011），逐渐转变灌溉方式和优化农业生产环境，通过节水灌溉有利于提高水资源利用效率，增加农业产出，解决因大水漫灌方式造成耕地盐碱化的生态问题。此外，兵团农业科技进步不断增强，2006 年兵团农业生产中开始以六大精准农业技术和十大技术体系推广应用为主。2007 年兵团开始现代农业示范基地、全国节水灌溉示范基地和农业机械化推广基地建设，提高了团场土地规模化、农业机械化、集约化经营水平，一系列有关现代农业生态化发展战略的实施及前期转型积累，为提高农业生态效率奠定了良好的基础。

从 2009 年开始，除了兵团农业劳动投入总体呈下降趋势（2009~2018 年第一产业从业人员数以年均 5.67% 的速度减少），其他数据均呈现上升趋势，资本

---

① 1993 年底兵团党委制定了深化改革的政策措施，在团场全面推行职工生产费和生活费"两费自理"承包经营改革和农机、牲畜作价归户为主的产权制度改革。

投入与农机投入在该阶段年均增速分别为20.13%和6.17%，农林牧渔总产值、农业碳排放及农业污染排放年均增长率分别为13.69%、4.69%和4.51%。由此可知，兵团其他要素对农业劳动力要素投入的替代作用比较明显，兵团农业仍在走一条"高投入、高产出与高排放"的道路，其他农业生产要素的投入提高了农业产出水平，同时，也增加了农业碳排放和农业污染排放，造成更多生态问题和增加生态环境负担，促使2009~2018年兵团农业生态效率呈现下降趋势。其中，2009~2012年农业生态效率下降趋势最为明显。2008年国际金融危机对兵团农业有一定的影响，金融危机爆发后两年，化肥等石化产品价格下降和农产品市场供过于求，说明农业生产要素价格的下降在一定程度上刺激了兵团农户对石化产品的消费和使用；农业增产速度快明显与农业生产要素过量投入有关，以至于农业生态效率下降。2013~2018年兵团农业生态效率下降速度减缓，并呈现小幅度波动。2014年新疆试行棉花目标价格政策的实施，在一定程度上优化了农业种植结构，提高了棉花等级与质量，整体上有利于提高农产品质量。2014~2015年是我国在农业环境治理行动落实最为密集与迅速的阶段，相继出台12部有关政策和规定，如《农业环境突出问题治理总体规划（2014—2018年）》《全国农业可持续发展规划（2015—2030年）》《到2020年化肥使用量零增长行动方案》《到2020年农药使用量零增长行动方案》等，强化了现代农业生态化发展的调控和规制措施。2017年兵团开始尝试推进团场综合配套改革，打破了过去一直实行的"五统一"的生产管理制度，降低兵团团场的行政干预，充分发挥市场机制调节作用，促使现代农业发展逐渐恢复市场常态。2018年兵团农业生态效率虽有下降，但该年兵团农业生态却有好转的趋势，该年底农业碳排放、化肥和农膜残留量分别减少了5.68万吨、7.27万吨和747吨。所以，2013~2018年是兵团农业向生态化转型和升级的关键时期。

（三）农业生态效率损失结构分析

本书运用SBM-Undesirable模型无效分解公式分解出兵团农业投入产出指标的无效率项，得到兵团农业生态效率损失结构情况，明确农业生态效率改进方向。具体结果如表4-6所示。

表4-6　1999~2018年兵团农业生态效率投入产出冗余情况（Slacks）

年份	第一产业年末从业人员（人）	第一产业固定资本投资（万元）	农业机械总动力（千瓦）	农业碳排放（万吨）	农业污染排放	地区生产总值（万元）
1999	92079.46	37492.40	422045.02	12.11	1.90	20953.61
2000	72685.37	34022.45	395698.45	10.34	2.13	0.00
2001	78160.80	30026.66	331911.99	11.96	1.60	0.00
2002	103628.95	52954.87	315272.18	11.31	1.76	0.00
2003	54710.09	70983.68	502801.90	6.52	1.35	0.00
2004	76318.75	51326.61	418576.94	7.59	2.07	0.00
2005	28447.70	37328.78	235905.77	2.50	1.34	0.00
2006	34934.14	18829.98	135772.85	4.12	1.21	0.00
2007	74595.53	20156.38	273909.62	16.65	1.48	0.00
2008	30952.06	9419.10	49371.88	3.01	1.01	0.00
2009	58210.68	49871.52	259832.76	5.43	1.26	0.00
2010	74550.01	60728.94	395517.23	16.80	1.13	0.00
2011	75720.91	51910.14	291755.46	17.23	0.89	0.00
2012	90998.85	107067.81	520554.25	17.79	1.12	0.00
2013	91400.98	143986.22	503708.21	15.74	1.51	0.00
2014	112935.75	205062.05	897797.73	20.69	1.03	0.00
2015	83177.33	278017.47	847663.81	23.33	0.78	0.00
2016	104167.58	356072.43	733729.83	19.63	1.17	0.00
2017	107615.91	140722.19	972838.84	29.97	1.11	0.00
2018	72296.15	489985.82	1064031.57	44.94	1.15	0.00
1999~2003	80252.93	45096.01	393545.91	10.45	1.75	4190.72
2004~2008	49049.64	27412.17	222707.41	6.77	1.42	0.00
2009~2013	78176.29	82712.93	394273.58	14.60	1.18	0.00
2014~2018	96038.55	293971.99	903212.36	27.71	1.05	0.00

资料来源：笔者整理。

　　从兵团期望产出投入冗余结果来看，除了1999年农林牧渔总产值短缺20953.61万元，其余各年冗余值为0。从各项投入和非期望产出投入冗余结果来看，各项指标投入产出冗余总体增加，反映了农业生态效率损失主要是由各项投入及非期望产出冗余造成；农业生产资源配置不合理，农业要素资源利用效率低，存在大量的农业要素浪费；农业碳排放和农业污染排放增多，农业生态环境越来越恶化。

由表4-6可知，1999~2003年第一产业年末从业人员、第一产业固定资本投资及农业机械总动力分别超出了80253人、45096.01万元及393545.91千瓦，2014~2018年三项指标分别过量投入了96039人、293971.99万元和903212.36千瓦，农业碳排放由1999年的多排放了12.11万吨，到2018年过量排放44.94万吨。农业污染排放值1999~2018年平均过量1.35，说明了过多的要素投入并不能完全合理利用并转化为期望产出，非期望产出两项指标的增加与化肥、农药及农膜直接相关，农药、化肥污染量和地膜残留量过多，在后续发展中除了控制化肥和农药零增长，还可以使用有机化肥、生物农药等生态型的要素投入产品。地膜残留是兵团现代农业发展的最大困境，改进地膜回收技术也是现代农业生态化发展的内容。农业碳排放还与翻耕土地、灌溉、动物养殖有关，所以，今后农业发展中还需要考虑到优化耕作方式、改良耕地质量、灌溉效率及畜牧养殖中无碳化或循环利用等问题。

（四）农业生态效率变动趋势分析

可用Malmquist指数反映农业生态效率变动趋势，Malmquist指数可将农业生态效率变化原因分为技术变化与技术效率变化，也可以理解为农业技术进步、农业要素配置结构与规模效率在农业生态效率变动中的贡献与作用大小。通过表4-7可知：除了2000~2001年、2002~2003年、2011~2012年和2015~2016年，其余年份兵团农业生态效率Malmquist指数均大于1，平均值为1.036，表明1999~2018年兵团农业生态效率整体得到改善。在研究期间，兵团农业综合技术效率和农业技术进步变动指数均值分别为1.001和1.036，说明兵团农业生态效率得到改善是农业综合技术效率与农业技术进步共同的结果，其中，农业技术进步对提高农业生态效率的贡献更突出。

表4-7　1999~2018年兵团农业生态效率Malmquist指数平均值及其分解

年份	综合技术效率变动指数（effch）	技术进步变动指数（techch）	Malmquist指数（tfpch）
1999~2000	1.011	0.996	1.007
2000~2001	0.994	0.977	0.971

续表

年份	综合技术效率变动指数（effch）	技术进步变动指数（techch）	Malmquist 指数（tfpch）
2001~2002	1.013	1.023	1.036
2002~2003	1.015	0.978	0.993
2003~2004	0.983	1.077	1.059
2004~2005	1.001	1.100	1.101
2005~2006	1.006	1.003	1.009
2006~2007	1.017	1.036	1.053
2007~2008	1.025	0.977	1.002
2008~2009	0.998	1.042	1.040
2009~2010	0.992	1.099	1.090
2010~2011	0.994	1.077	1.070
2011~2012	0.967	1.025	0.991
2012~2013	0.995	1.145	1.140
2013~2014	1.004	1.090	1.094
2014~2015	1.007	1.017	1.024
2015~2016	1.039	0.907	0.942
2016~2017	0.983	1.022	1.004
2017~2018	0.976	1.089	1.063
平均值	1.001	1.036	1.036

资料来源：笔者整理。

结合图 4-2 可知，兵团农业生态效率 Malmquist 指数呈波动趋势，农业综合技术效率变动指数相对平稳，而农业技术进步变动指数变动趋势与兵团 Malmquist 指数变动趋势相近。

1999~2005 年，兵团 Malmquist 指数由 1999 年的 1.007 增加到 2005 年的 1.101，效率增加了 9.3%；农业综合技术效率下降 31%，农业技术进步指数增加了 10.4%，两项变动指数年均增速分别为-0.066% 和 0.307%，再次证明了农业生态效率的改善主要在于农业技术进步水平的提高。结合兵团农业发展实况可知，兵团实行的"五统一"生产管理制度具有组织化和集团化优势，能组织职工实行规模化生产，推进各项农业技术及农业机械设施在农业中的应用。兵团农业本身属于绿洲灌溉农业，干旱缺水的现实推进兵团农业节水技术的研发、创新与推广应用，降低耕地盐碱化、荒漠化和沙漠化程度，增加了农业技术对农业产出与生态产出的双增长效应。

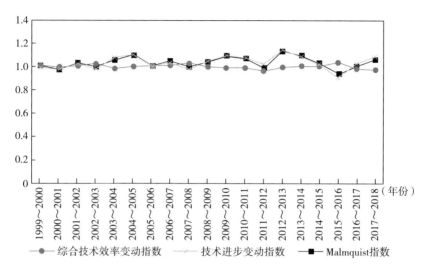

图 4-2　1999~2018 年兵团农业生态效率 Malmquist 指数变动趋势

资料来源：笔者整理。

2006~2012 年，兵团 Malmquist 指数 2006 年为 1.009，2012 年为 0.991，效率下降了 1.75%；农业综合技术效率下降了 3.9%，农业技术进步指数提高了 2.2%，两项变动指数年均增长率为-0.645%和 0.481%。该阶段职工获得土地的长期使用权，但存在土地承包合同一年一签和团场通过订单合约方式分割职工的部分经营权，加上农用土地流转受限，职工更倾向于节约成本和提高收益，重农业产出与轻农业生态环境保护，重农业物质性产品投入量与轻资源利用效率和配置结构，对耕地投资意愿低，因水价低而浪费水资源，农业生态环境也不断恶化，特别是农业污染排放和农业碳排放不断增加，这些负面影响抵消和减少农业技术进步在改善农业生态效率中的正效应，降低了兵团农业生态效率水平。

2013~2018 年，兵团 Malmquist 指数上升速度逐渐减缓，均值为 1.0445，效率提高了 4.45%。其中，2016~2018 年 Malmquist 指数上升趋势明显，得益于农业绿色发展相关政策、法规及兵团团场经济体制深化改革所带来的制度红利。这几年兵团现代农业快速发展，具有农业土地规模大、农业机械化程度高、农业管理水平和农业生产效率高的特点。再观察农业综合技术效率和农业技术进步指数，两项指数均值分别为 1.001 和 1.045，年均增速分别为-0.344% 和-0.616%，说明兵团现代农业实现了一定意义上的规模化经营，农业产出水平也不断增加，但存在农业生产规模效率低、农业资源要素利用率低、产业结构调整难度大和缺乏改善农业生态的政策和措施等问题；现阶段农业技术已不能满足生态化发展需求，农业生态环境不断恶化的现实在一定程度上要求农业技术向生态型技术转型，这也是 Malmquist 指数在该阶段上升速度减缓的原因。

二、兵团现代农业生态化发展的综合评价分析

罗必良（2009）提出，完全不考虑外部投入能量，迅速提高农业生产率是不可能的，那种完全不使用化肥、农药、机械的提法是不现实的。农业具有产品贡献、市场贡献、要素贡献、外汇贡献及改良环境、保护生态的作用，即现代农业生态化发展中需要同时兼顾农业发展的生态属性和生产属性。农业是与自然环境关系最紧密、受环境条件影响最直接的产业（牛敏杰，2016），现代农业生态化发展必须考虑到资源约束和环境的承载力。所以，在农业可持续发展目标下，现代农业生态化发展不仅要最大限度地提高农业生态效率，协调好农业生产过程中的投入、产出与生态影响的关系，还要保持农业经济增长、注重生产力持续提高、资源永续利用和生态环境不断改善等方面，不能一味提高农业生态经济而忽视农业经济发展，或只注重其中一方面的发展。因此，在农业生态效率测评基础上，结合现代农业生态化发展的支撑约束条件，构建其综合评价指标体系，从整体系统的综合评价到各子系统的障碍度、区域差异角度展开分析，进一步评价兵团现代农业生态化发展的综合水平。

（一）支撑约束子系统分析

有关现代农业生态化发展水平或综合发展评价非常有限。在综合参考刘飞翔

和林锦彬（2015）、牛敏杰（2016）、赵俊伟等（2017）、王宝义（2018）等学者研究基础上，本书结合农业生态化发展内涵，基于发展现实和长远发展以及存量和流量结合等视角，提出现代农业生态化发展的综合指标体系应包括农业生态效率和支撑约束两个层面，支撑约束子系统包括经济发展子系统、资源利用子系统、生态环境子系统。

1. 经济发展子系统

农业是提供人类生产必需品的生产部门（李秉龙，2010），基本任务是保障粮食安全、农产品有效供给以及为农业从业人员创造合理的经济收益（牛敏杰，2016）。无论现代农业生态化发展中如何强调农业生态效率和保护生态环境，仍不能放弃农业经济增长，且需要保持农业产出的高效化。经济健康持续发展对现代农业生态化具有一定支持作用，一般经济发展水平较好的区域，整体上具有更强的农业生产实力，具备更优越的农业生产设备、基础社会、技术和条件，更容易集聚人才、资金、技术、信息等，有利于加快农业产业结构转型升级，提高农业资源利用效率和减少生态环境污染，推动现代农业生态化发展。因此，经济发展子系统通过总体经济条件、农业的经济贡献、农业经济发展情况、实物量反映农业经济发展情况支撑、经营者经济条件支撑。

2. 资源利用子系统

农业资源有土地、水资源、气候资源、生物资源等自然资源，还有人力、资金、技术、基础设施等直接或间接对农业生产发挥作用的农业经济资源。不同区域间自然资源、经济发展水平和农业资源利用水平存在差异，各区域间的农业发展重点、产业结构与空间格局的不同，以至于现代农业生态化发展水平有高低。在相关研究中普遍认为在投入使用同等农业资源要素前提下，农业资源利用效率越高，意味着所能得到农业产出水平越高，所带来的环境压力和负向影响相对较小。所以，资源利用效率的高低也是影响现代农业生态化发展的重要条件之一。据此，本书结合兵团实际，从耕地资源、水资源、人力、资本、技术等资源着手构建资源利用子系统。

3. 生态环境子系统

俗语"农业生产靠天吃饭"这句话比较生动和直接地描述了农业与生态环

境之间的关系，农业生产活动相比其他活动与生态环境的关系更密切，两者相互影响与制约。良好的生态环境能为农业生产提供水土保持、水源涵养等保障条件；合理的农业生产方式也能为生态环境保育和稳定生态环境起到重要作用。随着人地矛盾加剧，农业高产的需求扩大，农业生产对生态环境的负面影响日益凸显，农业面源污染严重、耕地质量退化、农业碳排放量增多等生态问题，加重生态环境负荷。减少农业生产活动对生态环境的负向影响，也是现代农业生态化发展的重要内容。

（二）评价方法与指标数据

1. 评价方法与指标权重的确定

现代农业生态化发展是一项多层次、复杂的、系统的工程，需要选择科学合理的评价方法和确定指标权重方法。现有相关文献中，集中于运用生产函数法、数据包络法、因子分析法、模糊综合判断法、综合指数评价法等，结合不同指标赋权法，常用的指标权重确定方法有熵值法、层次分析法、德尔菲法等。本书简要对比常用几种方法的优点及不足（具体见表4-8），为本书选取评价方法奠定基础。

表4-8　各评价方法及指标权重确定方法的优点及不足

方法	优点	不足
生产函数法	具有系统性和高度概括性的特点，可从经济总体出发判断系统效果	仅能从经济增长角度考察相关问题，以严格的假设为前提
数据包络法	较多适用于效率的测算，可排除主观性，操作简单，各类指标的包容性较好	考虑投入与产出（包括合意与不合意）的关系，是相对效率，容易受极值的影响
因子分析法	突出"降维"，把信息重叠和错综复杂关系的变量划为少数几个相关因子，避免信息量的重复，化简数据，综合因子集中体现原始变量的大部分信息	在计算因子得分过程时，采用的是最小二乘法，结果有时可能会失效；小样本因子分析模型中，未讨论公共因子和特殊因子等情形；对数据量要求较高，需要大量的统计数据支持
模糊综合判断法	对较为复杂、多样性、模糊的对象能以精准的数字方式处理和刻画，评价结果为矢量，包含的信息比较丰富	评价单元统计计算量较大时，计算复杂，结果偏差较大，信息重复，对指标权重矢量的确定主观性较强
综合指数评价法	能更直观和综合地处理多层次结构指标体系，适用性较强	要求指标同向，必须对指标进行标准化处理；难以处理定性指标

续表

方法	优点	不足
层次分析法	可处理无结构特性、多目标、多准则、多时期、难以量化的系统评价，所需定量数据信息少，更讲求定性分析和判断，简单实用的权重计算方法	不能为决策提供新方案，主观性较强，指标过多时数据统计量大，计算困难，且权重难以确定，结果容易出错
德尔菲法	成本低和应用广，特别是在资料不足及不可测因素较多时较为适用，可获得不同但有价值的观点和意见，适合长期预测与分析	过程比较复杂，花费时间较长，结果受专家的主观意识影响，忽视少数人意见
熵值法	是一种客观的赋权法，可信度和透明度较高，算法相对简单	未考虑到指标间的影响，对样本的依赖性较大

资料来源：由笔者归纳整理所得。

对比前述几种方法的优缺点，综合考虑评价方法实际使用的广泛性、操作的难易程度及指标数据之间的相关性、相关统计数据的可获得性，具有客观评价特点也适宜于宏观评价的熵值法和综合指数评价法更适合于本书。

因此，本书选取熵值法处理指标权重，同时结合加权函数计算和测评兵团现代生态化发展综合水平。

从理论上看，目前综合评价有多种数学模式可供选择，这些数学模型可归纳为加权算术平均和加权几何平均两种基本模型（贺莉，2007；戴超群，2008）。即：

$$Z_{加} = \sum_{i=1}^{n} W_i \times Y_i \tag{4-12}$$

$$Z_{乘} = \prod_{i=1}^{n} Y_i^{W_i} \tag{4-13}$$

在式（4-12）和式（4-13）中，$Z_{加}$ 表示加权算术平均综合评价值，$Z_{乘}$ 为加权几何平均综合评价值；n 为评价指标的个数；W_i 为第 i 项评价指标的权重；Y_i 为第 i 项评价指标的评分值。由于运用加权几何平均模型时，一旦某项指标得分为零，其综合评价值为零，因此，本文采用加权算术平均模型，可避免加权几何平均模型对指标间得分差异敏感性较强的问题，允许用某些指标的高分来弥补另一些指标的低分（贺莉，2007；戴超群，2008）。根据加权算术平均综合评价模型，建立的现代农业生态化发展的综合评价模型为：

$$S = \sum_{i=1}^{4} Z_i W_i \tag{4-14}$$

其中，Z_i 为各子系统综合评价指数值，W_i 表示各子系统权重，通过式（4-14）可计算出现代农业生态化发展综合指数值。

其中，通过熵值法能计算出经济发展、资源利用与生态环境各子系统指标权重、各子系统综合指数值，熵值法的基本原理及步骤不再重复赘述。另外，需要对各子系统进行赋权并求出现代农业生态化发展综合指数值。借鉴牛敏杰（2016）、王宝义（2018）等学者处理指标系统权重的方法，书中采取两级赋权法进行处理，将生态效率与支撑约束条件（经济发展、资源利用与生态环境）视为第一级，权重比重分别为（0.5：0.5）、（0.4：0.6）、（0.6：0.4）；第二级则对经济发展、资源利用与生态环境三类指标赋权，权重比分别包括（1：1：1）、（2：1：1）、（1：2：2）等，众所周知，各子系统所赋予的权重不同，所计算出的现代农业生态化发展综合指数结果也存在差异，各子系统的影响也不同。结合已有文献对各系统的观点和兵团农业发展实际，征求多位专家的意见，最终选定生态效率与支撑约束条件的权重比为1：1，生态效率、经济发展、资源利用、生态环境的权重比为0.5：0.1：0.2：0.2，进一步结合上述加权算术平均综合评价模型计算得出支撑条件指数、综合指数等指数。

2. 指标体系构建与说明

（1）指标构建与筛选原则。为了科学、准确、全面地衡量农业生态化发展水平，构建与筛选指标时应遵循六项原则。

第一，科学性原则。指标的选取要有充分的理论和科学依据（张士运，2008），构建时选取普遍认同的具有客观、科学、真实、综合性质的指标，保证其相对独立性和较强的相关性，避免指标间相互重叠和指标评价结果相互抵消，保证指标结果既能反映农业生态化发展水平，又能体现农业生态化发展的普遍规律和特征。

第二，系统性原则。现代农业生态化发展是一项系统工程，包含了生态效率、经济发展、资源利用及生态环境四项子系统，各子系统又由多项指标予以支撑，应从系统的角度选取指标，所选用的指标体系内设计的要素尽可能考虑全面，构建具有层次性、高度概括性和整体性的指标体系。

第三，简明性原则。为避免所选指标数据的重叠与共线性问题，便于观测描述目标，选取指标时应抓住"简单和精准"的要求，评价指标尽量简化，简单易懂，反映更多信息，不可过于烦冗。

第四，可得性原则。实际中，有关现代农业生态化方面的统计数据与资料较少，存在指标数据不全、未统计、难以统计、统计口径不一致、数据不真实的情况，选取指标时需充分考虑数据是否可得，选取具有代表意义且较容易收集整理和量化的指标，评价指标的计算和标准值的设定尽可能从现有材料里找到。

第五，实用性原则。要结合兵团现代农业发展实际，选取贴合兵团实际的实用性指标，不可套用其他地区的指标体系。

第六，开放性原则。所构建的指标体系并非封闭性的，会随着农业发展内涵变化、时间推移而变化，因不同区域的差异而不同，因此，所选取的指标应有一定的增减和替代空间，具有一定的开放性，以便更符合评价区域的实际情况。

（2）指标系统的构建与说明。在结合相关研究成果并与有关领域专家沟通的基础上，本书构建了现代农业生态化发展综合评价指标体系，如表4-9所示。

表4-9 现代农业生态化发展综合评价指标体系及权重

子系统	指标	变量	说明
生态效率	农业生态效率 A_1	农业生态效率指数	从效率角度反映农业生态化发展的基本水平
经济发展	人均地区生产总值 B_1	地区生产总值/年末总人口（元/人）	反映总体经济条件支撑情况（正向指标）
	农林牧渔经济份额 B_2	农林牧渔增加值/地区生产总值（%）	反映农业的开发程度、经济贡献、地位和重要程度（正向指标）
	人均农林牧渔业增加值 B_3	农林牧渔业增加值/年末常住人口（元/人）	从价值量反映农业经济发展支撑情况（正向指标）
	人均粮食占有量 B_4	粮食总产量/年末总人口（千克/人）	从实物量反映农业经济发展情况（正向指标）
	劳均农林牧渔总产值 B_5	农林牧渔总产值/第一产业从业人员数（元/公顷）	反映单位农业从业人员创造的农业地区生产总值，也是农业发展实力的重要表现（正向指标）
	农业居民人均可支配纯收入 B_6	连队常住居民人均可支配收入（元）	反映农业生产者经济条件支撑情况及职工生活水平（正向指标）

子系统	指标	变量	说明
资源利用	人均农作物播种面积 C_1	农作物播种面积/年末总人口（公顷/人）	该指标反映区域人口与耕地资源之间的相互关系，一定程度上反映耕地资源的丰富程度和农业资源承载能力（正向指标）
	粮食单位面积产量 C_2	粮食总产量/农作物播种面积（千克/公顷）	一定程度上反映耕地资源的质量问题（正向指标）
	有效灌溉率 C_3	有效灌溉面积/农作物总播种面积（%）	一定程度上反映农田水利建设状况和对农业生产的实际支撑，也反映水资源有效利用情况（正向指标）
	旱涝保收率 C_4	旱涝保收面积/农作物播种面积（%）	该指标用于表示森林覆盖率、高标准农田、农业基础设施建设等情况，是不管发生旱灾还是涝灾，都能保证收获的面积，该指标值越高，间接反映森林覆盖率和高标准农田建设情况越好（正向指标）
	农业技术人员保障度 C_5	各师农业技术人员/第一产业从业人员数	每千人所能拥有的农业技术人员，反映科技人员或科技支撑情况（正向指标）
生态环境	化肥使用强度 D_1	化肥使用量（实物）/农作物总播种面积（吨/公顷）	反映化肥使用对环境的负面影响（负向指标）
	农药使用强度 D_2	农药使用量/农作物总播种面积（吨/公顷）	反映农药使用对环境的负面影响（负向指标）
	地膜使用强度 D_3	地膜使用量/农作物总播种面积（吨/公顷）	反映地膜使用对环境的负面影响（负向指标）
	农用柴油使用强度 D_4	农用柴油使用量/农作物总播种面积（吨/公顷）	反映柴油使用对环境的负面影响（负向指标）
	农用机械使用强度 D_5	农业机械总动力/农作物总播种面积（千瓦/公顷）	反映农业机械使用对环境的负面影响（负向指标）
	劳均用电量 D_6	农村用电量/第一产业从业人数（千瓦·小时/人）	反映用电消耗，间接反映农村用电对环境的负面影响（负向指标）
	耕地对畜禽粪便负荷系数 D_7	（猪年末实有数×3.68×160+牛年末实有数×68.82×365+羊年末实有数×4.67×365+家禽年末实有数×0.25×176）/耕地面积	反映养殖业对环境的负面影响，畜禽粪便排泄量计算方法及当量系数参照牛敏杰（2016）（负向指标）

资料来源：笔者整理。

选取各项指标时，有几点考虑：一是尽量选用相对指标或平均指标，以更好地反映发展的实际情况。二是价值量与实物量相结合，更全面地反映发展现实。三是可能认为有部分指标存在交叉性，但实际上是从不同侧面反映了农业化学投入品对现代农业生态化的影响。

　　首先，生态效率子系统。现代农业生态化发展要综合平衡资源、环境和产出的关系，生态效率是衡量其发展的核心指标。在上文分析中，基于投入、期望产出和非期望产出三类指标核算出农业生态效率，该指数已是综合指标，可将其直接作为生态效率子系统指数。

　　其次，经济发展子系统。经济发展子系统反映区域经济发展的综合实力、农业经济发展水平、农业生产与发展实力，是支撑农业生态化发展的经济基础（王宝义，2018）。该系统层下共有6个指标：B_1指标，表征兵团各师的总体经济条件，该指标值越高表示各区域的总体经济发展水平和区域内国民生活水平越高，对农产品质量及安全要求越高，有利于农业生态化发展，该指标为正向指标。B_2指标反映了农业在总体经济中的经济贡献、地位和重要程度，该指标值越高，表示农业经济的优势越强，对生态化发展的支持度越高，该指标为正向指标。B_3指标和B_4指标是从价值量和实物量反映农业经济发展支撑情况，两项指标均为正向指标。B_5指标是反映单位农业从业人员创造的农业地区生产总值，也是农业发展实力的重要表现，为正向指标。B_6指标反映农业生产者经济条件支撑情况及职工生活水平，是正向指标。

　　再次，资源利用子系统。资源利用系统表征了区域的资源利用情况和资源的承载力，农业资源利用效率的高低，在一定程度上反映农业生产行为是否科学与合理，是现代农业生态化发展的关键核心。该系统层下，共有5个变量。C_1指标反映农地资源利用情况、丰富程度和农地资源承载能力，能体现人口与耕地资源之间的关系，该指标为正向指标。C_2指标在一定程度上体现农业土地资源的产出效益和耕地资源的质量问题，该指标为正向指标。C_3指标表征农业生产中水资源的节约利用和有效利用情况，在一定程度上反映农田水利基础设施建设，特别是农业灌溉设施对农业生产的支撑情况，为正向指标。C_4指标是表示不管发生旱灾还是涝灾，都能保证收获的面积，是农业经济可持续发展的基础，可以用于表征森林覆盖率、高标准农田、农业基础设施建设等情况，该指标值越高，间接反映森林覆盖率和高标准农田建设情况越好，属于正向指标。C_5 指标是从技术资源角度反映对农业生态化发展的支撑，为正向指标。

最后，生态环境子系统。现代农业生态化、低碳化、绿色化发展理念的提出源自对石油农业所带来诸多逆生态问题的反思，良好的生态环境既是现代农业生态化发展所需要实现的目标与诉求，又是现代农业生态化持续发展的保障。该系统层下，主要从化肥、农药等石化产品使用方面选择 7 个变量，表征各类农用物资使用对生态环境的负面影响。D_1 指标表示化肥使用过量会造成土壤及水资源（特别是地下水资源）污染等问题。D_2 指标表示农药过量使用带来农地质量退化及农产品质量安全、面源污染等问题。D_3 指标表示残留的地膜容易造成土壤的硬化和盐碱化，以及农地周边环境的污染。兵团的农业机械化水平较高，在全国位于前列，农业机械化程度是现代农业的重要特征，从经济效率的角度来看，农业机械使用可以节省劳动力和降低生产成本，增加农业产出，但从生态环境的角度来看，农业机械使用和农业柴油使用同样对生态环境存在负面效应，所以，书中将 D_4 指标和 D_5 指标作为负向指标。D_6 指标间接反映农村用电对环境的负面影响，为负向指标。D_7 指标反映养殖业对环境的负面影响，畜禽粪便排泄量计算方法及当量系数参照牛敏杰（2016），为负向指标。

3. 现代农业生态化发展阶段评价标准

目前，关于现代农业生态化发展阶段的划分并未有详细研究，但现代农业生态化与农业现代化、生态农业、农业可持续发展等密切相关，根据现代农业生态化的内涵及发展趋势，可以借鉴农业现代化的评价标准，按照现代农业生态化综合指数值划分为起步阶段、初步实现阶段、基本实现阶段、完全实现阶段四个阶段（梁爽等，2015）。现代农业生态化综合评价标准如图 4-3 所示。

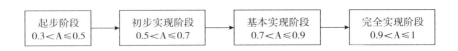

图 4-3　现代农业生态化综合评价标准

资料来源：笔者整理。

4. 数据来源及特征

本节研究中的数据同样来源于历年《新疆生产建设兵团统计年鉴》、新疆生产建设兵团官网、历年兵团经济社会统计公报和兵团农业部门相关网页，并对书中涉及价格度量的指标剔除物价因素的影响。在评价分析中，我们会将兵团划分为南北垦区进行分析，其中，新疆以天山为界可以划分为南疆和北疆，其中兵团位于南疆垦区的师有第一、第二、第三、第十三、第十四师，位于北疆垦区的师有第四、第五、第六、第七、第八、第九、第十和第十二师。南北疆垦区的数据根据指标属性及特征由各区域中各师数据求和或求平均所得。1999~2018 年兵团现代农业生态化发展的各指标数据描述性统计如表 4-10 所示。

表 4-10　1999~2018 年兵团各师指标数据的描述性统计

	最大值	最小值	平均值	标准差
农业生态效率	0.88	0.58	0.71	0.08
人均地区生产总值（元/人）	163090.35	2932.72	24221.47	25022.39
农林牧渔经济份额（%）	66.69	4.99	40.05	11.65
人均农林牧渔业增加值（元/人）	34661.93	1329.36	7886.57	6045.10
劳均农林牧渔总产值（元/公顷）	719248.94	9903.03	100901.67	104044.19
土地产出率（%）	228597.62	3574.15	41729.96	35795.30
人均粮食占有量（千克/人）	3931.69	55.86	730.13	644.89
人均蔬菜占有量（千克/人）	7995.70	27.80	1478.57	1701.18
人均水果占有量（千克/人）	4752.44	3.67	506.31	791.29
人均肉类占有量（千克/人）	338.93	25.89	103.34	57.49
人均奶类占有量（千克/人）	579.29	0.92	106.11	124.40
人均禽蛋占有量（千克/人）	92.01	4.00	19.83	14.88
农业居民人均可支配纯收入（元）	17737.00	1305.00	7636.59	4396.93
人均农作物播种面积（公顷/人）	1.10	0.11	0.44	0.21
粮食单位面积产量（千克/公顷）	5502.54	293.13	1610.51	897.62
有效灌溉率（%）	150.43	50.18	100.23	22.21
旱涝保收率（%）	240.16	4.24	81.77	35.72
农业技术人员保障度	90.11	0.55	29.46	13.46
化肥使用强度（吨/公顷）	6.60	0.19	1.04	0.79

续表

	最大值	最小值	平均值	标准差
农药使用强度（吨/公顷）	0.05	0.00	0.01	0.01
地膜使用强度（吨/公顷）	0.08	0.00	0.04	0.02
农用柴油使用强度（吨/公顷）	0.63	0.06	0.16	0.07
农用机械使用强度（千瓦/公顷）	12.22	1.07	3.21	1.74
劳均用电量（千瓦·小时/人）	27028.86	240.25	4504.24	3992.02
耕地对畜禽粪便负荷系数	6.93	0.49	2.05	1.23

资料来源：笔者整理。

（三）现代农业生态化发展综合评价

1. 兵团现代农业生态化发展时序变化

结合前述现代农业生态化发展综合评价指标体系及综合指数方法，基于
1999~2018 年兵团 13 个师团的数据测算出兵团现代农业生态化发展综合指数值、
支撑约束条件指数值（简称支撑条件指数）、经济发展子系统的综合指数值（简
称经济条件指数）、资源利用子系统的综合指数值（简称资源条件指数）、生态
环境子系统的综合指数值（简称环境条件指数），其中，为了与其他指数叙述相
统一，农业生态效率统称为农业生态效率指数（简称生态效率指数），最终各相
关指数结果如表 4-11 所示。

表 4-11 1999~2018 年农业生态化发展的相关指数

年份	生态化发展综合指数	生态效率指数	支撑条件指数	经济条件指数	资源条件指数	环境条件指数	指数一	指数二	指数三
1999	0.638	0.679	0.511	0.425	0.456	0.632	0.340	0.256	0.260
2000	0.557	0.751	0.422	0.419	0.416	0.692	0.376	0.211	0.264
2001	0.565	0.764	0.438	0.419	0.428	0.697	0.382	0.219	0.267
2002	0.584	0.711	0.511	0.421	0.414	0.769	0.356	0.256	0.279
2003	0.609	0.771	0.511	0.427	0.428	0.676	0.386	0.255	0.264
2004	0.632	0.744	0.500	0.417	0.404	0.814	0.372	0.250	0.285
2005	0.628	0.846	0.496	0.428	0.436	0.672	0.423	0.248	0.264

续表

年份	生态化发展综合指数	生态效率指数	支撑条件指数	经济条件指数	资源条件指数	环境条件指数	指数一	指数二	指数三
2006	0.643	0.880	0.525	0.437	0.410	0.738	0.440	0.263	0.273
2007	0.616	0.818	0.468	0.449	0.430	0.633	0.409	0.234	0.257
2008	0.670	0.941	0.471	0.441	0.438	0.721	0.471	0.236	0.276
2009	0.705	0.880	0.531	0.434	0.400	0.721	0.440	0.266	0.268
2010	0.653	0.812	0.542	0.456	0.388	0.695	0.406	0.271	0.262
2011	0.634	0.822	0.560	0.459	0.434	0.656	0.411	0.280	0.264
2012	0.591	0.759	0.528	0.459	0.413	0.778	0.380	0.264	0.284
2013	0.603	0.744	0.539	0.443	0.379	0.706	0.372	0.269	0.261
2014	0.584	0.732	0.547	0.423	0.251	0.752	0.366	0.274	0.243
2015	0.568	0.757	0.493	0.400	0.391	0.676	0.379	0.247	0.254
2016	0.614	0.749	0.586	0.383	0.421	0.668	0.375	0.293	0.256
2017	0.635	0.760	0.621	0.402	0.449	0.699	0.380	0.311	0.270
2018	0.557	0.677	0.536	0.405	0.410	0.720	0.339	0.268	0.267
1	0.614	0.780	0.517	0.427	0.410	0.706	0.390	0.258	0.266
2	0.735	0.479	0.607	0.422	0.429	0.693	0.214	0.239	0.267
3	0.846	0.492	0.669	0.434	0.424	0.716	0.212	0.246	0.271
4	0.803	0.540	0.672	0.450	0.403	0.711	0.201	0.270	0.268
5	0.735	0.557	0.646	0.403	0.385	0.703	0.192	0.278	0.258

注：表中的1、2、3、4、5分别指1999～2018年、1999～2003年、2004～2008年、2009～2013年、2014～2018年相应均值。

资料来源：笔者整理。

本章的生态效率指数值即上文农业生态效率值；经济条件、资源条件、环境条件综合指数值是采用熵值法计算出的综合值；支撑条件指数值是由经济、资源、环境的综合值作为原值，采用熵值法计算出的结果；现代农业生态化发展综合指数值则由生态效率及支撑条件综合值按照加权综合指数计算公式算出。其中，如前所述，生态效率与支撑条件同等重要，两者权重为1：1；指数一由生态效率指数乘以0.5的权重计算出来的生态效率权重指数；指数二由支撑约束条件指数乘以0.5的权重计算出来的支撑条件权重指数；指数三由经济发展、资源利用、生态环境按照1：2：2的权重比例计算出的支撑条件合成指数。对比表中支撑条件指数（指数二）与支撑条件合成指数（指数三）的值，如1999～2018年两者的均值差为0.008，相差并不大，进一步验证了本书对各子系统权重赋值较为合理。

结合表4-11可以绘制出兵团现代农业生态化发展的相关指数趋势，如图4-4和图4-5所示。

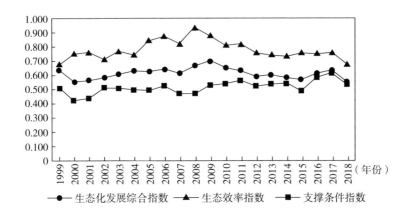

图4-4　1999～2018年现代农业生态化发展的相关指数趋势一

资料来源：笔者整理。

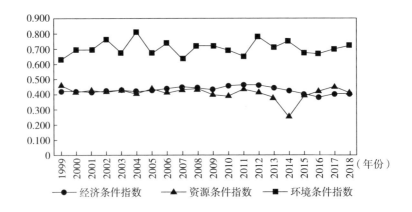

图4-5　1999～2018年农业生态化发展的相关指数趋势二

资料来源：笔者整理。

（1）综合指数、生态效率指数及支撑条件指数。现代农业生态化发展综合指数代表了现代农业生态化发展的总体水平，包含生态效率、经济发展、资源利用和生态环境子系统。1999~2018 年兵团现代农业生态化发展综合指数均值为0.614，结合 1999~2003 年、2004~2008 年、2009~2013 年、2014~2018 年均值结果可知，该指数总体呈下降趋势变动。与支撑条件指数相比，生态效率指数与生态化发展综合指数变动的趋势更接近，生态效率指数对农业生态化发展综合指数的影响更强。支撑条件指数是以上升和下降交替的走向变动，整体上呈上升趋势变动，该指数在研究期间的均值为 0.517，比生态效率指数和生态化综合指数值都低，但会发现，越往后这三项指数值越近，指数差越来越小。

在研究期间，2009 年生态化发展综合指数达到最高点，是生态化综合指数变动趋势的分水岭，指数值为 0.705，2000 年和 2018 年是该指数的最低点，为0.557。2007 年开始从全国层面到兵团层面均强调发展现代农业，2007 年我国明确提出现代农业的概念以及在"中央一号文件"《关于积极发展现代农业扎实推进社会主义新农村建设的若干意见》提出：提高农业可持续发展能力。鼓励发展循环农业、生态农业，有条件的地方可加快发展有机农业。2007 年，温家宝在新疆和兵团考察时，在农业发展方面提出要建成全国节水灌溉示范基地、农业机械化推广基地和现代农业示范基地（曹健和李万明，2011）。总体上，从宏观层面为农业可持续发展及生态化发展提供政策指导，有利于农业生产方式的转变，促进经济发展，提高资源利用和改善环境条件。2017 年开始兵团团场体制深化改革，生产方式、技术、团场职工身份确权、农业经营制度、团场管理制度均有改变，制度改革带来的红利具有一定的时效性和技术惯性，农业生产组织度和社会化程度下降，职工分割为小农户，先进技术可能会倒退，会减缓现代农业生态化发展的进程。在团场层面，团场的身份由管理者变为服务者，多数团场干部还未能及时转变观念及管理方式，不利于资源流动、共享与整合，也不利于农业优势产业的集聚，可能会减缓全兵团现代农业生态化发展速度。所以，2018 年生态化发展指数达到最低点属于调整时期的正常现象。

（2）经济条件、资源条件及环境条件指数。1999~2018 年经济条件指数均值为 0.427，变动幅度较小，在 2011 年、2012 年该指数达到最高点，为 0.459，

2016 年达到最低点, 指数值为 0.383。

资源条件指数变动幅度相对较平缓, 仅在 2013~2015 年波动幅度较大, 并快速下降及上升, 从 1999~2003 年、2004~2008 年、2009~2013 年、2014~2018 年的均值 (分别为 0.429、0.424、0.403、0.385) 可知, 该指数总体呈下降趋势变动, 变动轨迹呈左侧长尾的大 "V" 形结构。在研究期间, 该指数均值为 0.410, 1999 年该指数值达到最大值, 为 0.456, 到 2014 年达到最低值, 为 0.251。

三个子系统指数中, 环境条件指数值最高, 变动幅度较大, 以 "波浪线" 形式呈上升与下降交替变动。1999~2018 年该指数均值为 0.706, 1999 年最低值, 为 0.632, 2004 年达到最大值, 为 0.814, 其余年份该指数基本上围绕均值上下浮动。

通过从农业管理制度、政策、技术等方面考察各指数的时序变化的相关节点后, 需要指出的是有两个关键节点, 分别是 1999 年和 2018 年, 1999 年分别是资源条件指数的最大值和环境条件指数的最低值。1999 年后, 兵团农业实现第三次科技飞跃, 从良种良法、节水灌溉、改土培肥、化肥深施等种植业 "十大" 主体技术的推广和应用 (胡兆璋, 2009), 改良农业生产条件和提高农业资源利用效率。1999 年介于兵团农业经济体制第三次改革 (1993~2000 年) 年限内, 此次改革是强调重视农业发展和优化产业结构, 并将农业生产风险部分转移给团场职工, 提高团场职工的积极性, 但同时上缴任务也变重 (唐姚等, 2019), 从资源利用角度出发, 团场职工为提高经济效益会充分利用农业资源, 但从生态环境角度出发, 通过过量使用和盲目使用农业生产物质资料 (如化肥、农药等) 增加生态环境负荷, 会给环境带来负面影响。兵团是棉花基地, 棉花种植及产量在农业中占据重要位置, 2014 年对兵团农业产生最大冲击的莫过于 "中央一号文件" 中首次提出的新疆棉花目标价格补贴试点的规定, 该政策可以稳定棉农收入, 提高棉花质量, 降低棉纺织企业原料成本, 减少进口冲击压力。但也存在一些问题, 对于棉农, 棉花种植面积的变化以及对补贴发放是否到位的担忧, 种植结构的改变, 在转换期间影响农户的收入和经济产出; 企业贷款门槛提高, 可能会淘汰一批棉花企业等。此外, 2014 年全国农业工作会议提出 "一控两减三基本" 的目标任务, 以及后续出台的相关农业生态环境保护政策与法律, 加快现代生态农业生态化发展，有利于农业资源利用和改善农业生态环境，但可能对经济效益有一定的影响。

（3）现代农业生态化发展阶段判别。根据表4-11中各指数值及划分的四个阶段（1999~2003年、2004~2008年、2009~2013年、2014~2018年）均值可充分把握各指数的时序变动趋势，除了支撑条件指数总体呈现上升趋势变动外，生态效率、经济、资源与环境指数均呈现下降趋势变动。结合前述分析结论，再对比各子系统对现代农业生态化发展的总体影响，其中，农业生态效率和支撑条件对现代农业生态化发展的总体影响呈相反方向变动，所以，现代农业生态化发展下降趋势总体上相对平缓，对比两者对现代农业生态化发展的影响大小，可排序为农业生态效率>支撑条件，显然，提高农业生态效率对现代农业生态化发展是有利的。单独对比经济发展、资源利用和生态环境子系统对农业生态化发展的影响，会发现三个条件的总体支撑呈下降趋势，意味着三个条件对兵团现代农业生态化发展均有一定的约束力，相比较这三个子系统对现代农业生态化发展的约束力大小，环境条件对现代农业生态化发展的制约力度更强于经济和资源条件，根据三个指数值可以排序为环境条件>经济条件>资源条件。

从上述评价结果可得，除了2009年现代农业生态化发展综合指数值为0.705外，其余年度该指数值均在0.5~0.7，根据农业生态化发展阶段评价标准，兵团现代农业生态化总体水平处于初步实现阶段。再结合本书对各子系统的分析可知，总体上现代农业生态化发展综合水平经历了先上升后下降的过程，还存在较强的改进空间，想要跨入下一个更成熟更完备的阶段，提高兵团农业生态化发展水平的关键还在于提高农业生态效率及资源投入的利用效率，在农业产业协调发展、增产增效的同时，减少农业中所产生的污染及排放，降低农业生产行为、农业内外部环境的负面影响；同时，还需要加强生态环境的承载力及吸纳能力，提高生态环境条件的支撑力度，降低其对农业生态化发展的约束力量。

2. 各师现代农业生态化发展时序变化

运用现代农业生态化发展综合评价模型，根据各变量指标的权重和评定系数，计算出1999~2018年兵团各师农业生态化发展相关指数及排序，计算结果具体如表4-12所示。

表 4-12　1999~2018 年兵团各师现代农业生态化发展的相关指数及排序

各师	生态化发展综合指数	排序	生态效率指数	排序	支撑条件指数	排序	经济系统指数	排序	资源系统指数	排序	环境系统指数	排序
第一师	0.734	2	0.901	1	0.567	6	0.477	4	0.470	3	0.613	8
第二师	0.629	7	0.735	5	0.522	7	0.455	5	0.458	4	0.595	10
第三师	0.521	10	0.686	7	0.356	13	0.331	12	0.321	12	0.727	6
第四师	0.764	1	0.788	3	0.740	2	0.497	3	0.406	8	0.966	2
第五师	0.504	12	0.631	12	0.376	9	0.400	9	0.416	7	0.508	12
第六师	0.587	8	0.667	9	0.506	8	0.419	8	0.496	2	0.596	9
第七师	0.705	3	0.827	2	0.582	5	0.514	2	0.369	11	0.704	7
第八师	0.576	8	0.781	4	0.371	10	0.340	11	0.427	6	0.567	11
第九师	0.655	5	0.562	13	0.749	1	0.437	6	0.434	5	0.973	1
第十师	0.662	4	0.703	6	0.622	3	0.391	10	0.504	1	0.854	3
第十二师	0.643	6	0.684	8	0.602	4	0.559	1	0.374	10	0.731	5
第十三师	0.502	13	0.646	10	0.358	12	0.421	7	0.382	9	0.488	13
第十四师	0.506	11	0.644	11	0.367	11	0.316	13	0.272	13	0.781	4

注：表中的各相关指数均为各师 1999~2018 年相关指数的均值。

资料来源：笔者整理。

从评价结果来看，兵团各师农业生态化发展综合指数有高有低，如果按照 0.5 及以下、0.5~0.6、0.6~0.7、0.7 及以上作为标准，我们可以划分为不同的阶梯。其中，第三、第五、第六、第八、第十三、第十四师的综合指数值在 0.5~0.6，第二、第九、第十、第十二师的综合指数值在 0.6~0.7，第一、第四、第七师的综合指数在 0.7 及以上。可以根据各师所处的地理位置（南北疆）我们进一步划分不同的限域，具体分布如表 4-13 所示。

表 4-13　兵团各师现代农业生态化发展综合指数均值所在区域及分布情况

区域	第一阶梯（0.5 及以下）	第二阶梯（0.5~0.6）	第三阶梯0.6~0.7	第四阶梯0.7 及以上
北疆	—	第五师、第六师、第八师	第九师、第十师、第十二师	第四师、第七师
南疆	—	第三师、第十三师、第十四师	第二师	第一师

资料来源：笔者整理。

通过表 4-13 可以清晰地看出各师所在区域及阶梯，所有师都集中在第二至第四阶梯范围内，综合指数值均在 0.5 以上，说明各师的现代农业生态化发展综合指数相对较高，在第二阶梯共有 6 个师，属于北疆区域有 3 个师，另外 3 个师属于南疆区域；第三阶梯有 4 个师，分布在北疆区域有 3 个师，剩下 1 个师属于南疆区域；第四阶梯有 3 个师，其中属于北疆范围的有 2 个师，同样，剩下 1 个师属于南疆区域。总体来看，北疆各师的现代农业生态化发展综合指数值要大于南疆各师，发展优势相对较强，如第二阶梯北疆 3 个师的综合指数均值为 0.556，南疆 3 个师的该指数均值为 0.510；第三阶梯的北疆各师的综合指数均值为 0.653，南疆就只有 2 个师，该指数值为 0.629；第四阶梯的北疆各师的综合指数均值为 0.735，南疆 1 个师该指数值为 0.734。

各师支撑条件指数值相差较大，1999~2018 年兵团整体该指数均值为 0.517，超过均值的师有：第一、第二、第四、第七、第九、第十、第十二师，其中第九师的支撑条件指数值最大，为 0.749，第四师的指数值次之，为 0.740，而第三师的该指数值最小，为 0.356，第九师的该指数值是第三师的 2.1 倍。很明显，各师支撑条件指数不仅相差较大，还呈阶梯分布，该指数在 0.7 及以上的有第四师和第九师；在 0.6~0.7 的有第十、第十二师；在 0.5~0.6 的有第一、第二、第六、第七师；在 0.5 及以下的有第三、第五、第八、第十三、第十四师，且这几个师的支撑条件指数均值为 0.366。

兵团各师的经济条件指数均值为 0.427，排名前 3 的师是第十二、第七、第四师，这几个师该指数均值为 0.523，排名靠后的 3 个师为第八、第三、第十四师，均值为 0.329。超过平均值的有第一、第二、第四、第七、第九、第十二师，剩余 7 个师的值都在均值水平下，这 7 个师的均值为 0.374。总体上，各师经济条件指数相对较小。该指数值在 0.5 及以上的只有第十二师和第七师；在 0.4~0.5 的有 7 个师；在 0.3~0.4 的有第三、第八、第十、第十四师。

兵团各师的资源条件指数在所有指数值中最低，1999~2018 年该指数均值为 0.410，有 7 个师的资源条件指数超过该均值，分别为第一、第二、第五、第六、第八、第九、第十师；剩下 6 个师的指数值均低于均值。该指数值在 0.5 及以上的仅有第十师，其值也是最大值，为 0.504；在 0.4~0.5 的有第一、第二、第

四、第五、第六、第八、第九师；在 0.3~0.4 的有第三、第七、第十二、第十三师；在 0.3 及以下的是第十四师，其值为 0.272，也是最低值。

兵团各师的环境条件指数在支撑条件子系统中，指数值相对较高，1999~2018 年该指数的均值为 0.700，但各师间该指数存在高、中、低分布，相差较大。第四、第九师的环境条件指数值均在 0.9 以上，两个师的指数均值达到 0.970，且第九师的指数值最大，为 0.973；在 0.8~0.9 的有第十师，指数值为 0.854，第三、第七、第十二、第十四师的指数值在 0.7~0.8，在 0.6~0.7 的有第一师，第十三师的该指数值最小，为 0.488。

为了进一步观测兵团各师的农业生态化发展综合指数及相关指数的动态变化，本书将 1999~2018 年划分为三个阶段，分别为 1999~2005 年、2006~2012 年、2013~2018 年，分别求出这三个阶段各师相关指数的均值，具体如表 4-14 所示。

表 4-14　不同阶段兵团各师现代农业生态化发展综合指数及相关指数平均值

各师	1999~2005 年			2006~2012 年			2013~2018 年		
	生态化发展综合指数	生态效率指数	支撑条件指数	生态化发展综合指数	生态效率指数	支撑条件指数	生态化发展综合指数	生态效率指数	支撑条件指数
第一师	0.612	0.821	0.403	0.760	0.924	0.596	0.845	0.966	0.724
第二师	0.558	0.705	0.411	0.711	0.846	0.575	0.615	0.641	0.589
第三师	0.503	0.693	0.312	0.535	0.713	0.358	0.525	0.645	0.404
第四师	0.801	0.920	0.682	0.768	0.814	0.722	0.718	0.604	0.831
第五师	0.541	0.747	0.336	0.540	0.707	0.373	0.418	0.409	0.426
第六师	0.514	0.647	0.381	0.652	0.771	0.534	0.595	0.569	0.620
第七师	0.632	0.833	0.431	0.773	0.904	0.641	0.709	0.730	0.689
第八师	0.599	0.867	0.332	0.638	0.899	0.377	0.476	0.542	0.411
第九师	0.647	0.552	0.742	0.676	0.624	0.727	0.641	0.500	0.781
第十师	0.664	0.632	0.696	0.695	0.830	0.561	0.622	0.638	0.606
第十二师	0.669	0.655	0.683	0.657	0.728	0.586	0.595	0.666	0.525
第十三师	0.478	0.548	0.408	0.506	0.652	0.360	0.525	0.752	0.298
第十四师	0.607	0.737	0.477	0.468	0.614	0.322	0.432	0.570	0.293
平均值	0.602	0.720	0.484	0.645	0.771	0.518	0.594	0.633	0.554

资料来源：笔者整理。

从三个阶段的平均值来看，现代农业生态化发展的综合指数具有中、高、低的特征，每个阶段的均值相差不大；生态效率指数也表现为中、高、低的特点；支撑条件指数呈现低、中、高分布，第三阶段优势明显，均值为 0.554。从 13 个师的情况来看，现代农业生态化发展综合指数方面，没有一个师的变动趋势同总体均值一样，呈现多样化走势，其中，第一、第十三师的动态变化走向为低、中、高，第二、第三、第六、第七师的综合指数具有低、高、中的特点；第四、第五、第十二、第十四师呈现高、中、低特点，第八、第九、第十师具有中、高、低走向。农业生态效率指数方面，第二、第三、第六、第七、第八、第九师具有中、高、低趋势，与总体均值的走势相同；第十三师的变动趋势为低、中、高特点；第四、第五和第十四师呈现高、中、低特点；第十、第十二师则为低、高、中走向。支撑条件指数方面，第一到第八师与总体趋势一样，呈低、中、高特点；第九师则呈中、低、高的变化趋势；第十师呈高、低、中走向；剩余几个师则呈高、中、低的特点。

（四）现代农业生态化发展障碍度分析

1. 障碍度模型

　　在对兵团现代农业生态化发展综合评价的基础上，为了更好地促进兵团农业可持续发展，有必要对各子系统及单项指标的障碍作用大小进行分析诊断，准确定位影响现代农业生态化发展的主要障碍因素，为改善支撑条件提供更准确的信息，更有针对性地制定兵团现代农业生态化发展的有效措施。因此，本书引入障碍度模型展开分析，其原理具体如下（姚成胜和朱鹤健，2007；王宝义，2018）：

　　第一步，计算因子贡献度（Factor Contribution Degree）。

$$F_j = R_j \times w_j \tag{4-15}$$

　　其中，R_j 表示第 j 个子系统的权重，w_j 表示第 i 个子系统的第 j 项指标的权重。因子贡献度反映了单项指标对综合指数的影响。

　　第二步，计算指标偏离度（Index Deviation Degree）。

$$D_j = 1 - X_j \tag{4-16}$$

　　其中，X_j 为经标准化后的第 j 项指标的值，其衡量了指标偏离目标的程度。

第三步，障碍度模型（Obstacle Model）的计算。

$$H_j = F_j \times D_j / \sum_{j=1}^{n} (F_j \times D_j) \times 100\% \qquad (4-17)$$

其中，n 表示系统指标个数。H_j 越大表示该指标对农业生态化发展的障碍程度越高，按照从小到大的排序可以确定障碍因素的主次关系。

在研究单项指标障碍度基础上，进一步可以集成衡量各子系统对农业生态化发展的障碍度，公式为：

$$Z_j = \sum_{j=1}^{n} H_j \qquad (4-18)$$

2. 障碍度分析

通过上文对现代农业生态化发展综合指数的时序变化分析，我们掌握综合指数及各相关指数在研究期间的变动趋势，把握了在计算现代农业生态化发展综合指数时，生态效率指数的贡献度更高，在支撑条件中，环境条件指数相比经济条件指数、资源条件指数值要大，预判对现代农业生态化发展约束力更大。对本节障碍度的分析则是为了更准确地诊断出现代农业生态化发展的主要障碍度因素，更科学地为加快农业生态化发展提供有针对性的方向和措施。因此，根据上述障碍度模型计算出每年各子系统对农业生态化发展综合指数的障碍度及变化趋势、各指标对综合指数的障碍度、各指标对子系统指数的障碍度，具体如表 4-15 所示。

表 4-15　各子系统对综合指数的障碍度

年份	生态效率（%）	经济条件（%）	资源条件（%）	环境条件（%）
1999	2.80	23.31	44.09	29.81
2000	3.21	22.76	42.00	32.02
2001	3.31	24.33	40.03	32.33
2002	3.49	23.36	37.75	35.39
2003	3.38	24.35	39.44	32.84
2004	2.93	24.60	35.99	36.48
2005	3.04	24.74	36.33	35.90
2006	2.87	23.17	38.15	35.81
2007	2.86	22.80	41.99	32.35

续表

年份	生态效率（%）	经济条件（%）	资源条件（%）	环境条件（%）
2008	1.68	21.42	43.98	32.92
2009	1.70	23.32	40.15	34.83
2010	2.96	23.12	37.70	36.22
2011	3.19	21.64	44.63	30.54
2012	3.48	21.67	42.45	32.40
2013	3.78	24.65	39.72	31.84
2014	4.57	29.14	27.95	38.34
2015	3.82	25.95	38.76	31.47
2016	3.70	25.81	40.96	29.53
2017	3.28	22.30	45.88	28.54
2018	3.58	22.69	44.36	29.37
1	3.18	23.76	40.12	32.95
2	3.24	23.62	40.66	32.48
3	2.68	23.35	39.29	34.69
4	3.02	22.88	40.93	33.17
5	3.79	25.18	39.58	31.45

注：表中的 1、2、3、4、5 分别指 1999～2018 年、1999～2003 年、2004～2008 年、2009～2013 年、2014～2018 年相应均值。

资料来源：笔者整理。

农业生态效率指数对现代农业生态化发展综合指数的障碍度呈现"大雁"形结构变动，具体可以分为：左翅（1999～2006 年）和右翅（2007～2016 年），左侧拐点在 2002 年，右侧拐点在 2012 年，2006 年与 2007 年为较低的两个点。1999～2006 年，该障碍度呈下降趋势变动，2007～2016 年，呈上升趋势变动，变动幅度比前一个阶段更大，所以，生态效率指数对农业生态化发展综合指数的障碍影响，整体呈上升的趋势，同样可以依据对 1999～2018 年划分的四个阶段均值看出，1999～2001 年的障碍度为 3.11%，到 2012～2016 年时，障碍度增加到 3.87%。

为了更好地分析经济条件、资源条件、环境条件对现代农业生态化发展综合指数的障碍度变化趋势，结合表 4-15 中数据，绘制了图 4-6。

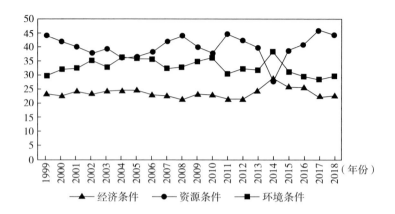

**图 4-6　1999~2018 年经济条件、资源条件、环境条件对
农业生态化发展综合指数的障碍度变化趋势**

资料来源：笔者整理。

如图 4-6 所示，经济条件指数对农业生态化发展综合指数的障碍度变化具体为：1999~2005 年以 1.72% 的速度增加，变动较为平缓，2006~2012 年有小幅度下降，2013~2014 年快速回升，特别是 2014 年障碍度达到历史最高点，为 29.14%，相比 2014 年，后一阶段 2015~2018 年的障碍度稍有回落，但相比第一、第二阶段障碍度仍有增加，所以，该指数对农业生态化发展综合指数的障碍度总体呈上升趋势，此外，通过表 4-15 中的 2、3、4、5 四个阶段的均值变化（23.62%、23.35%、22.88%、25.18%）同样可以得到证实。

与资源条件指数相对应，资源条件指数对农业生态化发展综合指数的障碍度波动幅度较大，1999~2004 年快速下降，2005~2008 年快速上升，2009~2014 年急速下降，2014 年达到最低点，2015~2018 年又急速回升，2017 年与 2018 年障碍度达到极高点与次高点。总体上，资源条件指数对农业生态化发展综合指数的障碍度最大。

环境条件指数对农业生态化发展综合指数的障碍度变化趋势，与资源条件指数变动趋势正好相反，2014 年该指数的障碍度达到了最高点，2017 年与 2018 年达到了最低点与次低点，通过表 4-15 中 2、3、4、5 四个阶段的均值变化（32.48%、34.69%、33.17%、31.45%）可知，该指数的障碍度在 1999~2008

年总体上呈上升趋势变化，2009~2018 年总体呈相反趋势变动。

再结合表 4-15 可知，1999~2018 年生态效率、经济发展、资源利用、生态环境子系统对现代农业生态化发展综合指数的障碍度的均值分别为 3.18%、23.76%、40.12%、32.95%，根据该均值，绘制出图 4-7，由此可观测到，各子系统对兵团生态化发展的障碍度大小，具体为资源条件>环境条件>经济条件>生态效率。显然，农业资源利用效率低下和资源结构不合理，化肥、农药等农用物资所带来的生态环境负面影响是兵团生态化的最大两项障碍与约束，这一分析结论比较符合兵团农业发展实际，兵团农业地广（耕地面积大）但资源紧缺与浪费并存，加之生态环境脆弱和农业污染日益严峻，最典型的表现为耕地质量退化和水资源量逐年下降，成为兵团农业发展的最大约束。另外，国家近几年对农药、化肥等农用物资使用的控制，对农业绿色化、生态化发展明文提出的要求，对改变兵团农业生产方式带来挑战。

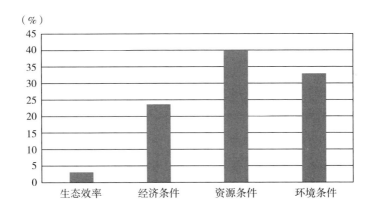

图 4-7　1999~2018 年各子系统对农业生态化发展综合指数的障碍度

资料来源：笔者整理。

进一步探究各子系统下的指标对农业生态化发展综合指数的障碍度，表 4-16 列出了 4 个子系统 19 个指标对现代农业生态化发展综合指数的障碍度均值。

1999~2018 年，经济发展子系统各指标障碍度排序：$B_5>B_3>B_4>B_1>B_2>B_6$，障碍度最大的劳均农林牧渔总产值（B_5），障碍度值为 2.80%，障碍度最小的农业居民人均可支配纯收入（B_6），值为 0.67%。通过各指标所反映的内容看，兵团的农业经济发展对现代农业生态化发展具有约束作用，说明了现阶段仍以高产出和高收益为发展目标，反映了经济增长与生态保护之间的失衡，平衡好两者间关系依然是生态化发展的重要内容，而职工的经济条件和生活水平对生态化发展的支撑作用较大，预判职工经济条件更好或增收有利于现代农业生态化发展。

表 4-16　各指标对综合指数的障碍度及排序　　　　　单位：%

指标	1999~2018年	排序	1999~2018年	排序	1999~2001年	排序	2002~2006年	排序	2007~2011年	排序	2012~2016年
A_1	3.18	D_3	8.59	C_5	8.16	D_4	8.18	C_2	8.51	D_3	12.22
B_1	1.08	C_5	7.76	C_1	7.57	C_2	7.69	D_3	8.21	C_2	8.26
B_2	1.04	C_2	7.49	D_3	7.16	C_1	7.34	C_1	7.25	C_5	7.31
B_3	1.43	C_1	6.95	D_4	6.33	D_3	6.78	D_6	5.53	D_7	5.96
B_4	1.25	D_6	5.52	D_6	5.93	D_6	6.06	D_4	5.49	C_1	5.64
B_5	2.80	D_4	5.41	C_2	5.48	D_2	5.05	C_5	5.36	D_6	4.55
B_6	0.67	D_2	3.96	D_2	5.03	C_5	4.51	D_1	4.04	C_3	3.86
C_1	6.95	C_3	3.69	D_1	4.15	D_1	4.31	C_3	3.79	A_1	3.79
C_2	7.49	D_1	3.45	C_3	3.75	C_3	3.35	D_5	3.48	C_4	3.71
C_3	3.69	A_1	3.18	C_4	3.37	C_4	3.12	D_2	3.35	B_5	3.55
C_4	3.06	D_7	3.16	A_1	3.24	A_1	2.68	B_5	3.12	D_5	3.38
C_5	7.76	C_4	3.06	D_5	2.33	B_5	2.49	D_7	3.07	D_2	2.40
D_1	3.45	D_5	2.86	B_5	2.02	D_5	2.27	A_1	3.02	B_4	2.08
D_2	3.96	B_5	2.80	B_3	1.71	D_7	2.04	C_4	2.03	B_1	2.00
D_3	8.59	B_3	1.43	D_7	1.57	B_2	1.28	B_3	1.52	D_4	1.64
D_4	5.41	B_4	1.25	B_2	1.34	B_3	1.01	B_4	1.47	B_3	1.49
D_5	2.86	B_1	1.08	B_1	0.99	B_6	0.81	B_1	0.74	D_1	1.30
D_6	5.52	B_2	1.04	B_4	0.76	B_4	0.71	B_6	0.73	B_2	0.83
D_7	3.16	B_6	0.67	B_6	0.69	B_1	0.61	B_2	0.71	B_6	0.44

资料来源：笔者整理。

资源利用子系统各指标障碍度排序：$C_5 > C_2 > C_1 > C_3 > C_4$，农业技术人员保障度（$C_5$）、粮食单位面积产量（$C_2$）两个指标对综合指数的障碍度较大，分别为7.76%、7.49%，这两个指标表征现代农业生态化发展中的农业科技人才支撑及耕地资源质量问题，符合当前兵团现代农业发展中农业科技人才缺失和技术创新积极性低、耕地质量下降的现实。有效灌溉率（C_3）和旱涝保收率（C_4）障碍度相对较小，分别为3.69%和3.06%。根据这两个指标反映的内容，符合兵团实际，1999年兵团天业集团就开始致力于研发和生产节水滴灌系统技术（谭爱花等，2011），2008年大范围推广使用膜下滴灌技术，实现了大面积节水灌溉。据水利部测算，兵团高效节水灌溉项目区农田灌溉用水有效利用系数达到0.8以上，与传统地面灌溉相比可节水20%~50%。2011~2015年，兵团87个高标准农田项目的建设有效提高了项目区的林木覆盖率，改善了农田生态环境，增强了农作物抗逆能力，防止土壤次生盐碱化，改善了农业生产条件和环境质量等（何鑫和王晓光，2018）。

生态环境子系统各指标障碍度排序：$D_3>D_6>D_4>D_2>D_1>D_7>D_5$，地膜使用强度（$D_3$）和劳均用电量（$D_6$）指标对综合指标的障碍度较大，障碍度值为8.59%和5.52%；农用机械使用强度（D_5）的障碍度最小，值为2.86%。目前，兵团农业发展中，地膜难以回收、收不净的问题仍是需要攻克的难题，农村用电对环境所带来的负面影响，可能需要延伸至供电方多使用煤炭生产电力所带来的环境问题，环境资源本具有公共产品属性，工业与农业同属于一个大的生态系统圈内，所造成的环境问题存在"共享"的特征。兵团的农业机械化水平位居全国首位，农业机械化所带来的农业效益不可忽视，但是同时需要注意的是，若将所有指标进行排序，农业机械化对综合指数的障碍度并不算小。所以，需要客观与综合地对比各指标对综合指数的障碍度。

为了更客观地诊断出现代农业生态化的障碍因素，将各指标对综合指数的障碍度进行排序。1999~2018年，地膜使用强度（D_3）、农业技术人员保障度（C_5）、粮食单位面积产量（C_2）、人均农作物播种面积（C_1）、劳均用电量（D_6）、农用柴油使用强度（D_4）的障碍度相对较高，均在5%以上，经济发展子系统各指标障碍度较小，最大是最小障碍度的12.8倍。通过分阶段下各指标对综合指数的障碍度排序结果可知，资源利用子系统和生态环境子系统各指标对现代农业生态化发展的约束作用力明显，特别是化肥、农药、地膜等化学品投入所产生的负面效应影响生态化发展。

（五）现代农业生态化发展差异测算分析

1. 兵团现代农业生态化发展差异测算

基于以往研究发现，基尼系数、泰尔指数、对数离差均值对高、中、低水平变化敏感，因这三类指标有互补性，在研究分析中常将三者进行对比分析。

基尼系数（GINI）是由意大利经济学家基尼提出，常被用于收入分配问题的研究，后经诸多学者改进，可被用于衡量均衡程度和产业差异问题。基尼系数的测算有多种方法，如万分法、等分法、曲线回归法等，本书采用学者 Mookherjee 和 Shorrocks（1982）提出的方法，计算公式如下：

$$GINI = \frac{1}{2n^2\mu} \sum |y_i - y_j| \tag{4-19}$$

式（4-19）中，n 表示兵团各师个数，y_i、y_j 分别表示第 i、第 j 师的农业生态效率值，μ 为农业生态效率均值。

对数离差均值 $GE_0(y)$ 和泰尔指数 $GE_1(y)$ 是由荷兰经济学家泰尔提出，这两个指数成为分析区域差异不可或缺的工具。两者基本计算公式如下：

$$GE_0(y) = \frac{1}{n} \sum_{i \in N} \ln \frac{\mu}{y_i} \tag{4-20}$$

$$GE_1(y) = \frac{1}{n} \sum_{i \in N} \frac{y_i}{\mu} \ln \frac{y_i}{\mu} \tag{4-21}$$

式（4-20）、式（4-21）中，n、μ、y_i 含义同上。

三个指数的计算结果如表 4-17 所示。

表 4-17　1999~2018 年兵团现代农业生态化发展综合指数差异 3 个指标计算结果

年份	GINI	$GE_0(y)$	$GE_1(y)$
1999	0.1748	0.0149	0.0144
2000	0.1591	0.0106	0.0109
2001	0.1622	0.0107	0.0106

续表

年份	GINI	GE₀（y）	GE₁（y）
2002	0.1452	0.0100	0.0106
2003	0.2168	0.0224	0.0217
2004	0.1962	0.0178	0.0174
2005	0.1656	0.0122	0.0120
2006	0.1668	0.0122	0.0119
2007	0.1792	0.0149	0.0144
2008	0.1348	0.0081	0.0078
2009	0.1747	0.0154	0.0148
2010	0.1977	0.0194	0.0185
2011	0.2059	0.0211	0.0201
2012	0.2225	0.0239	0.0237
2013	0.2461	0.0298	0.0292
2014	0.1977	0.0185	0.0181
2015	0.2359	0.0274	0.0275
2016	0.2189	0.0226	0.0229
2017	0.1890	0.0160	0.0161
2018	0.2650	0.0338	0.0334
1999～2018	0.1927	0.0181	0.0178
1999～2003	0.1716	0.0137	0.0136
2004～2008	0.1685	0.0130	0.0127
2009～2013	0.2094	0.0219	0.0213
2014～2018	0.2213	0.0236	0.0236

资料来源：笔者整理。

通过表4-17可知，表示兵团现代农业生态化发展综合指数区域差异的三个指数基尼系数、对数离差均值及泰尔指数在1999～2018年变动方向基本一致，总体呈上升趋势，相比对数离差均值和泰尔指数的平缓增长，基尼系数增长速度较快。1999年三个指数值分别为0.1748、0.0149和0.0144，到2018年，三个指数值分别增加到0.2650、0.0338和0.0334，显然，兵团现代农业生态化发展区域差异呈现扩大的趋势。

进一步观察兵团各师现代农业生态化发展综合指数时序变化差异情况，本书以兵团13个师的农业生态化发展综合指数为基础，以基尼系数为例进行测算分析，结果如表4-18所示。

表4-18 1999~2018年兵团各师基尼系数平均值及排序

各师	GINI	排序
第一师	0.0157	3
第二师	0.0360	1
第三师	0.0125	8
第四师	0.0173	2
第五师	0.0142	5
第六师	0.0121	9
第七师	0.0130	7
第八师	0.0105	13
第九师	0.0109	12
第十师	0.0109	11
第十二师	0.0113	10
第十三师	0.0140	6
第十四师	0.0145	4
均值	0.0148	—

资料来源：笔者整理。

由表4-18可知，1999~2018年兵团13个师的基尼系数均值为0.0148，第二师基尼系数值最大，为0.0360，第八师基尼系数值最小，为0.0105，除了第一师、第二师、第四师的基尼系数值超过了均值0.0148，剩余各师的基尼系数值均在0.010~0.012。由此可得，在研究期间，兵团13个师的现代农业生态化发展存在差异，差异水平有高有低，但同时，由于大部分师的基尼系数值比较接近，意味着各师间的现代农业生态化发展水平相差不大。

2. 兵团现代农业生态化发展区域差异的敛散性检验

进一步通过σ收敛检验分析兵团现代农业生态化发展区域差异的敛散趋势，σ收敛检验的公式为：

$$\sigma_t = \sqrt{n^{-1} \sum_{i=1}^{n} \left\{ y_i(t) - \left[n^{-1} \sum_{m=1}^{n} y_m(t) \right] \right\}^2} \tag{4-22}$$

式（4-22）中，$y_i(t)$ 表示第 i 师在 t 时期的现代农业生态化发展的综合指数值，$y_m(t)$ 表示第 m 师在 t 时期的农业生态效率值，n 为所测算范围内的师团数量。

$n^{-1} \sum_{m=1}^{n} y_m(t)$ 即 t 时期的农业生态效率均值。若 $\sigma_{t+1} < \sigma_t$，表示农业生态效率区域差异呈收敛状态。对任意年份 t<s，有 $\sigma_s < \sigma_t$，则表示样本期间农业生态效率区域差异呈现一致性 σ 收敛，如果 σ 值逐步减少，就表明 σ 收敛是存在的。

计算出兵团现代农业生态化发展区域差异的敛散趋势，结果如图 4-8 所示。

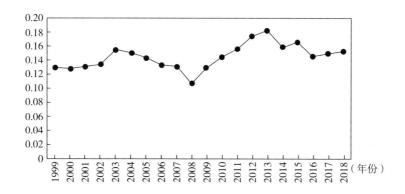

图 4-8 1999~2018 年现代农业生态化发展综合指数区域差异敛散性趋势

资料来源：笔者整理。

1999~2018 年兵团现代农业生态化发展 σ 收敛的平均值为 0.1453，存在以下几个敛散性阶段：1999~2003 年现代农业生态化发展整体呈基本一致性发散；2004~2008 年呈现 σ 一致性收敛；2009~2013 年总体上呈一致性发散趋势；2014~2018 年呈现发散趋势。兵团现代农业生态化发展的区域差异总体上呈发散趋势，离散程度不断变大，意味着现代农业生态化发展差异扩大，与上述基尼系数、对数离差、泰尔指数的分析基本一致。

3. 兵团各师现代农业生态化发展差异化战略分析

通过前文的分析可知，每个师团的各相关指数变动趋势不同，现代农业生态化发展存在差异且差异不断扩大，为了能有效促进兵团及各师现代农业生态化发展，采取因地制宜的发展措施，根据 13 个师的各相关指数结果，对各师进行类别细分（见表4-19）。

表4-19 1999~2018 年各师现代农业生态化发展相关指数组别划分

各师	生态效率指数	组别	经济系统指数	组别	资源系统指数	组别	环境系统指数	组别	排序
第一师	0.9008	高	0.4765	中	0.4700	中	0.6125	中	生态>环境>经济>资源
第二师	0.7350	中	0.4548	中	0.4578	中	0.5951	低	生态>环境>资源>经济
第三师	0.6859	中	0.3309	低	0.321	低	0.7270	中	环境>生态>经济>资源
第四师	0.7879	高	0.4966	中	0.4062	中	0.9657	高	环境>生态>经济>资源
第五师	0.6314	低	0.4004	中	0.4158	中	0.5076	低	生态>环境>资源>经济
第六师	0.6671	低	0.4188	中	0.4961	中	0.5960	低	生态>环境>资源>经济
第七师	0.8269	高	0.5136	高	0.3694	低	0.7036	中	生态>环境>经济>资源
第八师	0.7805	高	0.3396	低	0.4269	中	0.5673	低	生态>环境>资源>经济
第九师	0.5615	低	0.4374	中	0.4335	中	0.9727	高	环境>生态>资源>经济
第十师	0.7029	中	0.3907	低	0.5039	中	0.8536	高	环境>生态>资源>经济
第十二师	0.6837	中	0.5589	高	0.3744	低	0.7314	中	环境>生态>经济>资源
第十三师	0.6457	低	0.4208	中	0.3816	低	0.4879	低	生态>环境>经济>资源
第十四师	0.6438	低	0.3155	低	0.2716	低	0.7813	中	环境>生态>经济>资源

注：排序结果仅按各师各相关指数大小进行排序，表中各师生态效率指数值是运用式（4-1）计算出来的。

资料来源：笔者整理。

通过对比各师的四个子系统指数值，得到一个排序结果，可以分成四类。第一类：生态>环境>经济>资源，有第一、第七、第十三师；第二类：生态>环境>资源>经济，有第二、第五、第六、第八师；第三类：环境>生态>经济>资源，第三、第四、第九、第十二、第十四师；第四类：环境>生态>资源>经济，有第十师。

另外，根据各师每个子系统指数值对应地将各师从三个维度划分为高、中、低组别。农业生态效率指数值在 0.78 以上的师归为高效率组别，有第一、第四、第七、第八师；0.68~0.78 为中效率组别，有第二、第三、第十、第十二师，

0.68 以下的为低效率组别，有第五、第六、第九、第十三、第十四师。

经济发展子系统指数，指数值在 0.5 以上为高组别，包括第七、第十二师，0.4~0.5 为中组别，有第一、第二、第四、第五、第六、第九、第十三师；0.4 以下为低组别，有第三、第八、第十、第十四师。资源利用子系统指数，0.5 以上为高组别，有第十师；0.4~0.5 为中组别，有第一、第二、第四、第五、第六、第八、第九师；0.4 以下为低组别，有第三、第七、第十二、第十三、第十四师。生态环境子系统指数，0.8 以上为高组别，有第四、第九、第十师；0.6~0.8 为中组别，有第一、第三、第七、第十二、第十四师；0.6 以下的为低效率组别，有第二、第五、第六、第八、第十三师。

再结合前述所有的分析，本书可以将兵团各师各子系统指数值划分为不同的类别，并针对性地提出差异性的发展战略重点。

第一类为高生态效率强系统条件约束型和支撑型，有第一、第七、第八师共3 个师属于强系统条件约束型，第四师为强系统支撑型。其中，第四师的现代农业生态化发展综合指数在各师中排名第一，均值为 0.764，除了资源利用子系统指数值位于全兵团中下游水平外，生态效率、经济发展及生态环境指数名列兵团前茅，均在前三名内，该师属于高水平均衡发展区。发展战略重点是发挥领头作用，带动其他各师发展。

第一师的现代农业生态化发展综合指数值也比较高（1999~2018 年的均值为0.734，排名第二），各子系统指数得分也较高，发展也比较均衡。生态效率、经济发展子系统指数值在全兵团位列第一，资源利用子系统指数值排名第三，生态环境各子系统指数值处于中等偏下水平，属于高水平生态环境压力区。第七师的现代农业生态化发展综合指数与生态效率指数排名较好，均在前三名内，经济、资源与环境条件指数值均在中等及中等偏下水平，特别是资源条件指数值较低，整体上该师属于高水平资源利用压力区。第八师属于中低水平经济及生态环境双重压力区，其生态效率、资源利用子系统指数值在各师间处于中等偏上水平，但是其经济发展及生态环境子系统在各师中并不具有优势，特别是经济发展子系统指数值在全兵团最低。发展战略重点是弥补短板，平衡发展，降低生态环境负荷，推动现代农业生态化发展。

第二类为中生态效率条件约束型，共有 10 个师，具体又可分为中生态效率多系统条件强约束型和中生态效率单系统条件约束型两类。其中，第二、第三、第六师属于前类，第十、第十二师属于后类。第二师现代农业生态化发展综合指数值位于全兵团中游，生态效率、资源利用系统指数值处于中上游，但经济发展和生态环境系统的指数值较低，特别是经济发展方面，在所有师中排名倒数第二，该师属于中水平经济发展和生态环境压力区。第三师现代农业生态化发展综合指数位于中下游，生态效率及生态环境指数居中，经济发展和资源利用子系统的指数值偏低，特别是资源利用子系统指数值为 0.321，排名倒数第二，属于中低水平经济发展与资源利用压力区。第六师除了资源利用子系统指数结果在各师中相对较优外，在全兵团排名第二，其他指数均位于全兵团中等偏下水平，特别是经济发展子系统及生态环境子系统指数值相对较低，且排名较后，该师属于中低水平经济与环境压力区。发展战略重点是全方位补齐短板，重视生态环境约束，优化资源使用结构，提高资源利用效率，产业协调发展，提高经济发展水平，稳步提高农业生态效率。

第十师的现代农业生态化发展综合指数排名第四，各子系统指数处于较高水平，其资源利用子系统指数位居第一，生态环境子系统指数排名第三，另外两个子系统的指数值居中，整体而言该师发展较为均衡，属于中高水平均衡发展区。第十二师现代农业生态化发展综合指数、生态效率、经济发展、生态环境子系统的指数均处于中等水平，但资源利用子系统的指数排名较靠后，所以，该师属于中等水平资源利用压力区。发展战略重点是稳定推进资源与环境条件的支撑与约束作用，保持经济持续发展，在平衡发展中努力提高生态效率。

第三类为低生态效率多系统条件强约束型，有第五、第九、第十三、第十四师共 4 个师。其中，第五师的现代农业生态化发展综合指数、生态效率指数、生态环境指数在各师中均排名倒数第二，经济发展指数排名第二，资源利用指数排名居中，该师各指数高低错落，属于低水平非均衡发展区。第九师的现代农业生态化发展综合指数位于兵团中上游，各子系统间发展不均衡，属于高生态环境和较高资源利用的情况，资源利用子系统指数排名第五，资源利用子系统指数位于第一，其生态效率在全兵团排名最后，经济发展子系统指数值也排名倒数后三位，该师属于中高水平非均衡发展区。第十三师的现代农业生态化发展综合指数排名末位，生态效率、经济发展系统的指数值处于居中水平，但资源利用及生态环境的指数值均较低，特别是生态环境指数在所有师中最小，该师属于低水平资源利用与生态环境双重压力区。第十四师从整体上来看，生态环境系统较优，但其现代农业生态化发展综合指数及生态效率指数均排在后位，经济发展系统指数值属于中组别，但其值也较小，资源利用水平在各师中处于最低，属于低水平经济发展与资源利用压力区。发展战略重点是制定长期战略，全面补齐各短板，在保持经济稳步发展的同时注重提升生态效率，合理科学利用农业资源，降低农业生态负面效应，促进现代农业生态化发展（见表4-20）。

表4-20　兵团各师类型划分及发展战略重点

各师	类别	具体类别	发展战略重点
第一师	高生态效率强系统条件约束型	高水平生态环境压力区	现代农业生态化发展水平较高，支撑条件约束性居中，弥补短板，减少农业生产中对生态环境的负面影响，平衡发展
第二师	中生态效率多系统条件强约束型	中水平经济发展和生态环境压力区	全方位补齐短板，重视生态环境约束，协调产业发展，提高经济发展水平，稳步提高农业生态效率
第三师	中生态效率多系统条件强约束型	中低水平经济发展与资源利用压力区	全方位补齐短板，优化资源使用结构，提高资源利用效率，提高经济发展水平和生态效率
第四师	高生态效率强系统条件支撑型	高水平均衡发展区	发挥领头作用，带动其他各师发展
第五师	低生态效率多系统条件强约束型	低水平非均衡发展区	在保持经济稳步发展的同时注重提升生态效率，合理科学利用农业资源，降低农业生态负面效应，促进现代农业生态化发展
第六师	中生态效率多系统条件强约束型	中低水平经济与环境压力区	战略方向同第二师
第七师	高生态效率强系统条件约束型	高水平资源利用压力区	弥补资源利用方面短板，平衡发展
第八师	高生态效率强系统条件约束型	中低水平经济及生态环境双重压力区	降低生态环境负荷，保持经济持续发展，推动现代农业生态化发展
第九师	低生态效率多系统条件强约束型	中高水平非均衡发展区	保持资源与环境条件的支撑作用，重点提高生态效率，协调好生态效率与经济发展两者关系，稳步推进现代农业生态化发展
第十师	中生态效率单系统条件约束型	中高水平均衡发展区	稳定推进资源与环境条件的支撑，保持经济持续发展，在平衡发展中努力提高生态效率

各师	类别	具体类别	发展战略重点
第十二师	中生态效率单系统条件约束型	中等水平资源利用压力区	重点解决资源利用条件约束问题，促进生态与产出双增
第十三师	低生态效率多系统条件强约束型	低水平资源利用与生态环境双重压力区	制定长期战略，全面补齐各短板，特别是以解决资源与环境双重约束、提高生态效率为首要任务，以推进现代农业生态化发展
第十四师	低生态效率多系统条件强约束型	低水平经济发展与资源利用压力区	同第十三师

注：具体类别中高水平、中水平、中低水平等主要以现代农业生态化发展综合指数值为依据。

资料来源：笔者整理。

三、本章小结

本章主要从效率角度和综合角度测评兵团现代农业生态化发展水平，这两部分存在递进与分总的关系。分析内容包括兵团农业生态效率、效率损失结构及效率变动，兵团现代农业生态化发展综合评价、障碍度及差异测算。通过分析可得：

第一，在一般规模报酬 GRS 限定条件下，1999~2018 年兵团农业生态效率呈下降的趋势，均值为 0.780。农业生态效率损失主要是由各项投入及非期望产出冗余造成。在研究期间，农业生态效率 Malmquist 指数变动整体呈现阶段性上升态势，该指数均值为 1.036，年均增长率为 0.51%。在农业综合技术效率与农业技术进步共同作用下，农业生态效率整体得到改善，特别是农业技术进步对提高农业生态效率的贡献更突出。另外，一系列有关农业生态环境保护政策及农业制度安排影响农业生产资源配置结构和农业生产规模，进而影响农业生态效率的变动趋势。

第二，1999~2018 年兵团现代农业生态化发展综合指数均值为 0.614，总体呈下降趋势。兵团现代农业生态化发展总体处于初步实现阶段且存在较强的改进空间。相比支撑约束条件，农业生态效率对现代农业生态化发展的总体影响相对更强，即农业生态效率>支撑约束条件。支撑约束条件整体呈上升趋势，指数值低于农业生态效率指数值，但后期两项指数差距缩小，反映支撑约束条件在现代农业生态化发展中的作用与影响增强。经济条件、资源条件、环境条件指数均呈现下降趋势变动，反映了三个子系统对兵团现代农业生态化发展均有一定的约束力，且影响大小表现为环境条件>经济条件>资源条件。综上所述，兵团现代农业生态化发展中，关键要提高生态效率，持续发挥各条件的支撑作用，降低支撑条件约束力。

第三，北疆各师的现代农业生态化发展综合指数值要高于南疆各师，各师间该综合指数时序变化具有多样化特征。各师农业生态效率整体下降；支撑条件指数值相差较大，呈阶梯性分布，北疆各师比南疆各师更具有地理位置、经济、资源禀赋等优势，发展优势更强。

第四，1999~2018年各子系统对兵团现代农业生态化发展的障碍度大小为资源条件>环境条件>经济条件>生态效率，资源利用与生态环境问题仍是兵团现代农业生态化的最大两项障碍与约束。经济发展子系统中障碍度最大的指标是反映农业发展实力的指标，资源利用子系统中障碍度最大的指标是反映农业科技人才支撑及耕地资源质量问题的指标，生态环境子系统中障碍度最大的指标是地膜使用给生态环境带来负面影响的指标。反映了现阶段农业发展仍以高产出和高收益为目标，现代农业生态化发展要平衡好经济增长与生态保护两者关系，要重视农业科技人才供给与激励机制的建立，提高地膜回收制度与技术，解决地膜残留问题及改良耕地质量。

第五，在差异测算分析中可知，兵团现代农业生态化发展有一系列的差异变化，离散程度不断变大，区域差异呈现扩大的趋势。兵团13个师的现代农业生态化发展存在差异，但差异水平相差不大。根据现代农业生态化综合评价各项指数结果，将各师细分为高生态效率强系统条件约束型和支撑型、中生态效率条件约束型、低生态效率多系统条件强约束型三种不同的类型，并有针对性地提出差异性的发展战略重点。

第五章　农业技术进步对兵团现代农业生态化发展的影响分析

从第三章影响机制分析中得知，农业技术进步对现代农业生态化的线性影响机理主要通过技术的外溢效应和学习扩散效应，而农业技术进步对现代农业生态化的影响也并非线性，影响效应还会受到其他因素，如人力资本、经济发展水平等因素的制约。从第四章分析中也可得知农业技术进步对提高农业生态效率的作用，对兵团现代农业生态化发展有一定的影响。为此，提出以下几个问题：农业技术进步对现代农业生态化发展具体有何影响？农业技术进步在什么情况下会提高现代农业生态化发展水平、提升资源利用效率、提升农业生态效率和降低农业碳排放量？农业技术进步与现代农业生态化发展之间是否是非线性关系？农业技术进步对现代农业生态化发展的影响是否受到其他因素的制约？若受到其他因素的影响，在不同限定条件下，农业技术进步又如何作用于现代农业生态化发展？鉴于此，本章在理论分析基础上提出研究假设，并通过建立门槛模型，实证检验分析农业技术进步对现代农业生态化发展的影响效应。

一、理论分析

工业领域技术进步对产业生态化发展的影响效应研究较为丰富，为现代农业生态化发展研究奠定基础。陈全会等（2019）认为影响生态效率的主要因素还有技术进步，技术进步对生态效率的影响效应呈"U"形。"技术环境悖论"揭示了技术的环境双刃剑作用，降低技术的环境负效益、扩大其环境正效益将有助于实现工业技术进步的生态化发展（王瑾，2014）。技术进步发挥作用需要一定的外在条件积累，可能受到人力资本、经济发展、产业结构、能源消费结构、能源强度和对外开放水平等影响（黄杰和丁刚，2014）。根据内生经济增长理论可知，技术进步主要来源于 R&D 投入和人力资本的生产（王惠和卞艺杰，2015），技术进步是经济增长的核心动力，经济发展水平可以反映一个地区的科技水平（李伟，2017）。由于兵团各师团间的农业经济发展水平和人力资本差异大，因此，本书选取人力资本和农业经济发展水平作为门槛变量，分析农业技术进步对现代农业生态化发展综合水平的影响效果。

舒尔茨在《改造传统农业》中认为人力资本是相对物质资本存在的一种资本形态（周振等，2014），是经过教育、培训、学习而凝聚在劳动者身上的，能够创造经济社会价值的知识、技术技能、能力与素质的总和（张国强等，2011）。较高的人力资本在一定程度上增强了农户对新知识、现代农业生产技能以及生产经营管理的掌握能力，有助于提高其自主创新能力和对外来技术的利用效率，推进农业技术升级改造和积累（郭炳南和卜亚，2018），Paxton 在研究中也表明年轻化和受过良好教育的生产者更容易采用先进的农业技术（李林红等，2019）。林毅夫（2005）认为人力资本影响农业技术的推广与应用，一个户主的受教育水平对杂交种的采用概率与采用密度都具有正效应。人力资本水平提高还有助于农户树立生态环保和节能减排意识，遵循更高的环境标准开展生态化生产（曾大林等，2013）。与此同时，较高的人力资本投资可以转为更好的消费分配，通过技术进步改善要素投入结构，促进非物质要素对能源等物质要素的替代，推动节能、低碳、绿色与生态技术开发、更新、推广和应用，提高现代农业生态化发展综合水平（刘晓霞，2015）。现代农业生态化发展综合水平也受到人力资本与技术进步的匹配程度的影响。较低的人力资本容易出现人力资本与技术进步的错位匹配，不能获得最佳的产出效率。职工生态环保意识弱，缺乏对技术的认知和利用，具有短视性（陈儒和姜志德，2018），不利于农业技术进步、节能减排和减少环境污染。

市场需求与区位条件也会对农业技术进步产生诱导性作用（曹博和赵芝俊，2017）。经济发展水平发达的地区农业生产设备、技术和条件更优越（李晓阳和许属琴，2017）。较高的农业经济发展水平，有利于增加农业科研、教育、基础设施投入，有利于各类要素的集聚，为农业技术进步提供充足的物质、资金、人才和信息流（刘广亮等，2017），带动农业技术变革，而农业技术进步可通过提高新能源、可再生能源在农业投入中的比例，降低农业能源消耗（鲁钊阳，2013）。农业经济发展水平较高的地区，人们具有较强的环保意识，倾向于消费低碳、生态和绿色农业产品，在一定程度上也会倒逼农业生产技术向低碳化、生态化转变。生态性技术通过新能源替代、生产流程优化和农业废弃物循环利用等途径提高现代农业生态化发展综合水平（戴小文等，2015）。农业经济发展水平较低的地区，农业生产呈现粗放化特征，以追求经济利益最大化为单一目标，经济增长过度依赖于生产规模扩大和能源要素投入，增加了生态技术的创新与应用的难度，不利于提高现代农业生态化发展综合水平。农业技术进步对现代农业生态化发展的具体影响机制如图5-1所示。

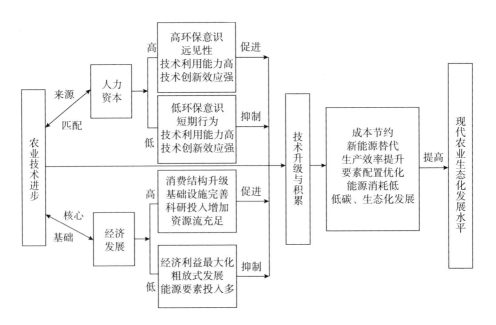

图5-1　农业技术进步对现代农业生态化发展的影响机制

资料来源：笔者整理。

综上，本章提出以下两个假设：

假设1：农业技术进步对现代农业生态化发展的影响效果受人力资本和农业经济发展水平的制约。

假设2：人力资本和农业经济发展水平较高的地区，农业技术进步有助于提高现代农业生态化发展综合水平；反之，则会有抑制作用。

二、模型与变量选择

（一）模型选择

为了检验不同约束条件下农业技术进步对现代农业生态化发展的影响，本书利用双重门槛模型进行实证研究。门槛面板模型是将某一门槛值作为一个未知变量纳入回归模型之中，通过建构分段函数，实证检验和估计相应的门槛值和"门槛效应"（王惠和卞艺杰，2015），模型如下：

$$\ln EI_{it} = \alpha_0 + \alpha_1 \ln lan_{it} + \alpha_2 \ln tra_{it} + \alpha_3 \ln ind_{it} + \alpha_4 \ln inc_{it} + \alpha_5 \ln tech_{it} I(q_{it} \leqslant \gamma_1) +$$

$$\alpha_6 \ln tech_{it} I(\gamma_1 < q_{it} \leqslant \gamma_2) + \alpha_7 \ln tech_{it} I(q_{it} > \gamma_2) + \upsilon_i + \tau_i + \varepsilon_{it} \qquad (5-1)$$

式（5-1）中，EI为被解释变量，表示现代农业生态化综合水平；tech为农业技术进步；q_{it}为门槛变量，本书选取人力资本（hum）和农业经济发展水平（dev）为门槛变量，γ为具体的门槛值，I（·）为指标函数；控制变量有土地经营规模（lan），农业贸易开放（tra），工业化水平（ind），农业人均可支配收入（inc），i=1，2，3，…，13，t=1，2，3，…，20；α为待估参数，υ_i为个体效应，τ_i为时间效应，ε_{it}为符合标准正态分布的干扰项。

在得到参数的估计值后，我们需要做以下两个检验。其一，检验门槛效果是否显著的F检验；其二，LR似然比检验。

其中，F检验的原假设为H_0：$\beta_1 = \beta_2$，其所对应的备择假设为H_1：$\beta_1 \neq \beta_2$，检验统计量为：

$$F = n \frac{S_0 - S_n(\tau)}{S_n(\tau)} \tag{5-2}$$

其中，S_0 为在原假设 H_0：$\beta_1 = \beta_2$ 条件下获取的残差平方和，由于 LM 统计量不符合 χ^2 标准分布，因此通过自抽样本（Bootstrap）获取渐进分布，从而构造 P 值，若 P 值小于 0.01，则表示在 1% 水平下接受原假设，通过了 LM 检验，若为 0.05 则为在 5% 显著水平下接受原假设，以此类推。

其中第二个检验 LR 似然比检验原假设为 H_0：$\gamma_1 = \gamma_2$，对应的似然比统计量为：

$$LR_1(\gamma) = n \frac{S_n(\gamma) - S_n(\hat{r})}{S_n(\hat{r})} \tag{5-3}$$

由于上述 LR 检验的分布并非为标准分布，因此 Hansen 提供了其置信区间，$LR_1(\gamma) \leq c(\alpha)$ 时接受原假设，其中 $c(\alpha) = -2\ln(1 - \sqrt{1-\alpha})$，$\alpha$ 为显著性水平。

（二）变量选取

1. 核心变量

（1）现代农业生态化发展综合水平。该数据来源于第四章的计算结果。

（2）农业技术进步。在学术界关于农业技术进步的计算并没有统一标准，各学者基于研究目的在选择上存在差异，林毅夫（1992）把灌溉面积、化肥用量、机耕面积和农村用电量作为体现农业技术的指标；姜劲儒（2010）把农业机械化、化肥施用量等看作技术进步的间接反映；以化肥和农药为代表的化学投入品的增加则可以是生物化学技术创新的显示性指标，彭亮（2003）用农用化肥施用量（折纯量）和农业机械总动力来代表农业生产中技术进步；有的学者注重探讨劳动节约型技术进步，通过农业机械总动力与第一产业比值表示农业机械化水平以作为农业技术进步的代理指标；张宽等（2017）以农业机械总动力与第一产业从业人数之比，即农业劳均拥有农业机械动力数来表征农业技术进步；李林红等（2019）选取以 C-D 生产函数作为基础的索洛残差法来计算农业技术进步水平。赵芝俊（2009）、魏金义和祁春节（2015）、王爱民和李子联（2014）同样建立农业生产函数，选取农业总产值、农用机械总动力、有效灌溉面积、农用化肥施用量、农用塑料薄膜使用量、农药使用量等指标计算农业技术进步水平。农业技术进步是不断利用先进的农业技术代替落后的农业技术，包括技术升级、管理模式改进、产品质量提高、产业结构升级等内容。农业全要素生产率是农业技术进步对农业发展作用的综合反映，是大多学者认可的且能较为全面表征农业技术进步的指标。因此，本文借鉴杨钧（2013）等的做法，选择全要素生产率表示农业技术进步（tech），可以通过 DEA-Malmquist 指数法计算，具体算法在第四章中有详细步骤，不再赘述。主要选取第一产业增加值、农用机械总动力、节水灌溉率（高新节水灌溉面积/有效灌溉面积）、农用化肥使用量、农用塑料薄膜使用量、农药使用量、农业播种面积、第一产业从业人员数等指标来计算农业技术进步。

2. 门槛变量

（1）人力资本（hum）。人力资本是影响农业技术的重要因素，人力资本的提高有助于农业生产者使用亲环境生产技术（曾大林等，2013），职工的生态环保、节能减排的意识会随着受教育程度提升而逐步加强，是影响农业是否能低碳化、生态化发展的重要变量之一。当前的统计资料无法全面体现劳动力的异质性，而且农业劳动力的素质更难得到统计与体现（高鸣和陈秋红，2014），大多数学者均提出用受教育年限的计算方法来量化人力资本，但鉴于兵团数据可获得性和分析可行性，借鉴王惠和卞艺杰（2015）的做法，采用兵团各师农业劳动力中初中以上文化程度人数（人）作为人力资本的代理变量。

（2）农业经济发展水平（dev）。要素禀赋、技术选择、经济结构与技术进步是紧密联系的，农业经济发展水平可以反映一个地区的农业科技水平，农业经济发展水平不同，农业技术选择偏向存在差异，对现代农业生态化发展的影响也会不同。因此，本书选取农业人均第一次产业总产值（元）来表征该门槛变量。

3. 控制变量

（1）土地经营规模（lan）。土地是其他生产要素和物质资料投入的载体，其经营规模决定了其他生产要素的投入强度，如扩大土地经营规模可能需要更多的机械、化肥、农业科技等要素与之匹配，也就有可能对农业全要素生产率和现代农业生态化发展综合水平产生不同程度的影响。以农业人均耕地面积（公顷/人）表示。

（2）农业贸易开放（tra）。农业贸易所带来的作用具有双向性，可以带动农产品市场的标准化和规模化，但同时也会带来资源消耗、环境污染和农业碳排放量转移等问题（高鸣等，2014）。本书选取兵团各师农产品进出口总额与第一产业增加值的比值（%）表示。其中，农产品进出口以美元为单位，为了实现可比和单位的统一，本书将农产品进出口总额进行了换算。换算公式为 Rmb = Dol × Exc，其中 Rmb 为以人民币为单位的农产品进出口总额，Dol 为以美元为单位的农产品进出口总额，Exc 为人民币汇率。

（3）工业化水平（ind）。将工业化水平作为控制变量之一，主要在于工业与农业两者既是共生又是竞争的关系，工业化发展侧面反映对资源和能源的挤占，可能会增加农业生产中使用更多"高产"特性生产要素替代被挤占的资源；工业化水平的提高，可能会促进农业技术进步和产品创新，但同时也有可能会提高石油农业发展程度，影响现代农业生态化发展。采用工业增加值与地区生产总值比重（%）来表示。

（三）数据来源

本书选取兵团 13 个师（兵团第十一师和兵团直属除外）为样本，数据来源于历年《新疆生产建设兵团统计年鉴》。为使不同年份的数据具有可比性，本书以 1999 年为基期，对书中所涉及价格度量的指标均采用 GDP 平减指数剔除物价因素的影响。经整理各变量描述性统计分析如表 5-1 所示。

表 5-1　变量描述性统计分析（1999~2018 年）

变量	观测值个数	均值	标准差	最小值	最大值
EI	260	0.610	0.039	0.557	0.705
tech	260	1.053	0.975	0.956	1.015
hum	260	12629.470	12629.470	909.000	36239.000
dev	260	34153.790	35550.400	2213.180	206292.280
lan	260	3288.970	2153.950	174.050	8666.980
tra	260	18.960	62.280	1.000	531.090
ind	260	20.750	10.470	1.820	51.580

资料来源：笔者整理。

三、实证检验

（一）门槛效应检验

为了考察在不同门槛条件下农业技术进步对现代农业生态化的非线性影响，现采用门槛面板回归模型，选取人力资本和农业经济发展水平作为门槛变量进行实证检验。为保证回归结果的科学性和合理性，需先检验是否存在门槛效应。

门槛面板模型需首先检验门槛是否存在以及存在的个数，若无法通过检验则表明不存在门槛效应。本书采用"自抽样"法（Bootstrap）分别在不存在门槛、存在一个门槛和两个门槛的设定下进行估计，得到 F 统计量和 P 值。

表 5-2 显示人力资本和农业经济发展水平均通过了三重门槛检验。为保证检验结果的合理性和直观性，我们进一步采用似然比检验图来检验。

表 5-2 门槛面板检验

门槛变量	模型	F 值	P 值	抽样次数	临界值		
					1%	5%	10%
人力资本	第一重门槛	7.817**	0.012	500	7.999	5.167	3.729
	第二重门槛	12.831**	0.044	500	16.987	12.196	8.567
	第三重门槛	4.964**	0.036	500	6.942	4.415	3.103
农业经济发展水平	第一重门槛	24.528**	0.036	500	34.193	22.720	18.117
	第二重门槛	18.600***	0.002	500	10.908	6.054	3.633
	第三重门槛	19.756**	0.012	500	20.201	12.612	8.204

注：模型中的解释变量均采用自然对数形式；***、**分别为在1%、5%水平下通过显著性检验。
资料来源：笔者整理。

为了更加清晰地理解门槛值的构造过程以及置信区间，分别绘制不同门槛效应下的似然比检验图。门槛效应估计值的选取标准即似然比检验为零时的数值

（陈子真，2017），具体如图5-2、图5-3所示。

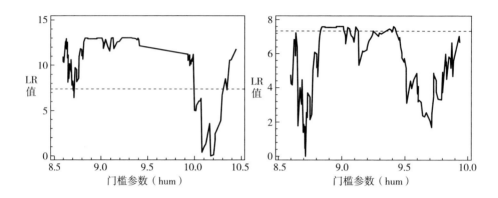

图5-2　人力资本门槛效应检验

资料来源：笔者整理。

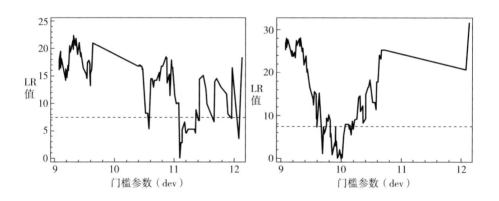

图5-3　农业经济发展水平门槛效应检验

资料来源：笔者整理。

综合考察门槛值的置信区间，我们认为人力资本与农业经济发展水平均存在双重门槛。通过计算发现人力资本的门槛值分别是8.711和10.172，其所对应的实际值分别为6069人和26160人；农业经济发展水平的门槛值分别为9.935和11.098，其所对应的实际值分别为20640.280元和66038.950元，具体如表5-3所示。

表 5-3　门槛值求解

门槛变量		估计值	实际值	95%置信区间
人力资本	第一重门槛	8.711	6069	[8.595, 9.935]
	第二重门槛	10.172	26160	[8.711, 10.344]
农业经济 发展水平	第一重门槛	9.935	20640.280	[9.672, 10.196]
	第二重门槛	11.098	66038.950	[10.578, 12.076]

资料来源：笔者整理。

（二）门槛面板模型实证结果

经过门槛效应检验可知，本书选取的两个门槛指标均存在门槛效应，假设 1 得到验证。为进一步分析不同门槛条件下，农业技术进步对现代农业生态化的影响，本章采用门槛面板回归模型对模型（5-1）进行实证检验，具体结果如表 5-4 所示。

表 5-4　门槛面板回归结果

变量	现代农业生态化发展综合水平			
	含义	门槛回归	含义	门槛回归
tech	lnhum≤8.711	-0.0695^{***} (-8.82)	lndev≤9.935	0.1253^{***} (5.17)
tech	8.711<lnhum≤10.172	-0.1026^{***} (-4.33)	9.935<lndev≤11.098	-0.2059^{***} (-8.10)
tech	lnhum>10.172	0.0464^{***} (2.63)	lndev>11.098	-0.1666^{***} (-2.78)
lndev	农业经济发展水平	-0.4621^{***} (-11.15)		—
lnhum	人力资本	—		0.1584^{***} (-4.68)
lnlan	土地规模经营	-1.3812^{***} (-4.15)		-0.9644^{***} (-2.15)
lntra	对外开放水平	-0.0036 (-0.50)		0.0032 (-0.53)

变量	现代农业生态化发展综合水平			
	含义	门槛回归	含义	门槛回归
lninc	居民收入	-0.1581^{***} (-3.12)		-0.6699^{***} (-20.78)
lnind	工业化水平	-0.0733 (-1.57)		-0.1610^{***} (-5.48)
C	常数项	11.4934^{***} (8.56)		8.6240^{***} (-5.24)
R^2		0.97		0.94
F		553.71		891.24
N	样本数	260		260

注：*** 为在1%水平下通过显著性检验，括号内为 t 检验值。
资料来源：笔者整理。

不同人力资本水平门槛条件下，农业技术进步对现代农业生态化发展综合水平的回归系数依次是-0.0695、-0.1026 和 0.0464（均通过 1%水平下的显著性检验），即当人力资本水平提高并超过一定门槛值时，农业技术进步对提高农业具有积极作用。人力资本水平低或居中时，生产主体的技术利用能力和环保意识弱，短期行为明显，不能有效发挥人力资本对技术进步的吸收和创新效应。人力资本水平较低时，人力资本与技术进步未实现有效匹配，就会出现因两者结构错配带来的效率损失，弱化了农业技术进步对现代农业生态化发展综合水平的作用效果。人力资本水平高时，有利于提高内部的自主创新水平，增强对外来技术的吸收利用能力，推动农业技术升级改造，优化要素配置结构，促进农业低碳、生态化生产，提高现代农业生态化发展综合水平。

不同农业经济发展阶段，农业技术进步对现代农业生态化发展综合水平的影响系数依次是 0.1253、-0.2059、-0.1666（均通过 1%水平下的显著性检验），说明农业技术进步对现代农业生态化发展综合水平的影响效果还受到农业发展所处阶段的制约。农业经济发展水平低时，农用物资投入相对较少，农业技术进步对农业产出的正效应大于农业物资消耗所带来的负效应，即农业技术进步的产出拉动作用远远大于农业生态的负外部性，此时影响效果虽为正，但更多地体现为对农业生产效率的提升，并非减排的降低。随着经济发展水平的逐步提高，传统的农业技术对农业经济的发展的边际效应将逐步递减，其所引致农业生态问题的负外部性逐步显现，农业生态问题的负外部性将逐渐处于主导地位，此时传统的农业技术已难以满足现代农业生态化、低碳化发展要求，因此会对现代农业生态化发展综合水平起到抑制作用。农业经济发展水平较高时，经济增长方式向集约型方式转变，生态性技术逐步渗透到农业生产领域，农业技术进步将主要表现为生态化、低碳化技术的普及和应用，此时，农业技术进步对现代农业生态化发展综合水平的作用仍然为负，但其效果明显弱于中等经济发展水平阶段。从回归结果进一步可以看出，兵团农业技术正处于由传统向低碳、生态和绿色转变的过程中，传统的农业生产技术已难以满足兵团现代农业生态化、低碳化发展的需求。

本章进一步根据人力资本和农业经济发展水平门槛值将兵团 13 个师划分为高、中、低三类。其中，第九、第十二、第十三、第十四师长期处于低人力资本水平区域；第一、第八师先后由中人力资本水平区域过渡到高人力资本水平区域，后回到中人力资本水平区域；其余几个师基本上都处于中人力资本水平区域。1999~2003 年兵团 13 个师均处于农业经济低水平阶段；2004~2010 年除了第十四师，其余各师陆续由农业经济低水平阶段跨越到农业经济中等水平阶段；2012~2016 年第三、第五、第十四师仍处于农业经济中等水平阶段，剩余各师过渡到农业经济发展高水平阶段。总体而言，兵团各师人力资本基本上处于中低水平。农业经济发展较好的各师人力资本水平要明显高于落后的地区，这些师农业基础设施较完备，农业科研基础雄厚，有利于生态性新技术的引进和研发。经济发展较落后的各师，农业教育基础设施落后，农户素质普遍较低和缺乏生态意识，农业科技人员匮乏，不利于农业技术的吸收和利用。1999 年、2009 年、2018 年门槛值及区域分布如表 5-5 所示。

表 5-5　1999 年、2009 年和 2018 年门槛值及区域分布

门槛值区间	区域分布		
	1999 年	2009 年	2018 年
hum<6069	第七、第十、第十二、第十三、第十四师	第九、第十三、第十四师	第五、第九、第十、第十二、第十三、第十四师

门槛值区间	区域分布		
	1999 年	2009 年	2018 年
6069≤hum<26160	第一、第二、第三、第四、第五、第六、第八、第九师	其余 8 个师	第一、第二、第三、第四、第六、第七、第八师
26160≤hum	—	第一、第八师	—
dev<20640.28	兵团 13 个师均在该范围	第三、第四、第十二、第十三、第十四师	—
20640.28≤dev<66038.95	—	第一、第二、第五、第六、第七、第八、第九、第十师	第三、第五、第十四师
66038.95≤dev	—	—	其余 10 个师

注：由于篇幅有限，仅列出了 1999 年、2009 年和 2018 年门槛值和区域分布。

资料来源：笔者整理。

（三）影响效应分析

通过上述分析可知，农业技术进步对现代农业生态化发展综合水平具有非线性影响。为了深入考察在不同人力资本和农业经济发展水平条件下，农业技术进步对现代农业生态化发展综合水平的影响效果，本书借鉴陈子真（2017）的方法，利用人力资本、农业经济发展水平与农业技术进步的交乘项作为控制变量进行分析，具体模型为：

$$\ln EI = \alpha_0 + \alpha_1 \ln tech_{it} + \alpha_2 \ln hum \times \ln tech_{it} + \alpha_3 (\ln hum \times \ln tech_{it})^2 +$$
$$\alpha_4 \ln dev \times \ln tech_{it} + \alpha_5 (\ln dev \times \ln tech_{it})^2 + \alpha_{6-9} \ln X_{it} + \mu_{it} \qquad （5-4）$$

其中，$\ln hum \times \ln tech_{it}$ 为人力资本与农业技术进步的交乘项；$\ln dev \times \ln tech_{it}$ 为农业经济发展水平与农业技术进步的交乘项；X_{it} 为上文 3 个控制变量；μ_i 为误差项。

由于样本数据属于长面板数据，为了提高面板回归的一致性和有效性，需处理组内自相关和组间自相关问题，因此进一步采用可行广义最小二乘法（FGLS）对模型（5-4）进行回归处理，结果如表 5-6 所示。

表 5-6　农业技术进步对现代农业生态化发展综合水平影响效应的估计结果

变量	回归 1	回归 2	回归 3	回归 4
lntech	−0.5172 ***	−0.4999 ***	1.4258 ***	1.5797 ***
	（0.1110）	（0.1124）	（0.0877）	（0.0937）

续表

变量	回归 1	回归 2	回归 3	回归 4
lnhum×lntech	0.0440 *** （0.0123）	0.0332 ** （0.0154）		
（lnhum×lntech）^{2}		0.0004 （0.0003）		
lndev×lntech			−0.1547 *** （0.0090）	−0.2157 *** （0.0138）
（lndev×lntech）^{2}				0.0020 *** （0.0003）
lnlan	−0.0444 *** （0.0163）	−0.0453 *** （0.0163）	−0.0684 *** （0.0150）	−0.0850 *** （0.0156）
lntra	0.0053 ** （0.0024）	0.0055 ** （0.0024）	0.0040 * （0.0021）	0.0030 （0.0021）
lnind	−0.0683 *** （0.0151）	−0.0661 *** （0.0150）	−0.0839 *** （0.0144）	−0.0762 *** （0.0149）
cons	90.7768 *** （9.6988）	91.1295 *** （9.6510）	65.3105 *** （6.8398）	64.5758 *** （6.6795）
Wald Chi^2	3005.80	3028.89	2667.81	2677.77
Number of obs	260	260	260	260

注：＊＊＊、＊＊和＊分别为1%、5%和10%水平下通过显著性检验，括号内为 t 检验值。
资料来源：笔者整理。

　　由表5-6回归1、回归2结果可知，农业技术进步的系数为负，均在1%的显著性水平下显著，农业技术进步对现代农业生态化发展综合水平具有负向作用；在人力资本影响下，农业技术进步对现代农业生态化发展综合水平的提升具有积极作用，但随着人力资本的增加，农业技术进步对现代农业生态化发展综合水平的影响呈现倒"U"形，农业技术进步对提高现代农业生态化发展综合水平的边际效应呈递减趋势，说明只有当人力资本与农业技术进步实现有效匹配，农业技术进步才能对现代农业生态化发展综合水平产生显著的正向作用。

　　由表5-6回归3、回归4结果可知，农业技术进步对现代农业生态化发展综合水平具有显著的正向作用；在农业经济发展水平影响下，农业技术进步对现代农业生态化发展综合水平的提升产生负面影响；随着农业经济发展水平的提高，农业技术进步对现代农业生态化发展综合水平的影响呈现正"U"形，农业技术进步对现代农业生态化发展综合水平的边际贡献递增。兵团农业逐步向低碳化发展，通过大力研发和推广使用膜下滴灌、降解膜、水肥一体化技术等节水、节肥和环保的技术，有利于农业生态化发展。但是目前兵团农业发展仍以经济效益为主，农业经济发展中不可避免地会存在农用物资过度使用，导致农业污染和农业碳排放增加，致使农业技术进步对现代农业生态化发展综合水平提升的正效应不突出。

运用表5-6回归1、回归3的结果计算偏效应，具体计算公式如下：

$$\frac{\partial EI_{it}}{\partial tech_{it}} = \alpha_1 + \alpha_2 \ln hum_{it}, \qquad \frac{\partial EI_{it}}{\partial tech_{it}} = \alpha_1 + \alpha_4 \ln dev_{it} \qquad (5-5)$$

通过计算得到人力资本和农业经济发展水平提高1%时，现代农业生态化发展综合水平会分别提高11.75%和9.22%。由此可知，农业技术进步对提高现代农业生态化发展综合水平具有显著作用，但影响效果受人力资本和农业经济发展水平的制约，人力资本和农业经济发展水平较高时，农业技术进步对提高现代农业生态化发展综合水平有积极作用，假设2得到验证。

对于控制变量，除了农业贸易开放对现代农业生态化发展综合水平具有正向作用，土地经营规模、工业化水平和农业人均可支配收入对现代农业生态化发展综合水平均具有负向作用。土地经营规模对现代农业生态化发展综合水平的抑制作用最大，土地经营规模的扩大意味着需要投入更多的农机、化肥、农药和农膜等，不但未实现土地规模效应，反而增加农业污染排放和农业碳排放。传统工业化的过度发展有助于降低能源产品市场价格，激励农户消费更多高碳排放的产品，对现代农业生态化发展综合水平产生较强的负面影响。兵团农产品出口额度远高于进口额度，为了符合国际贸易标准，农户在生产过程中会更加倾向于绿色农产品的生产、生态型技术的使用，以促进现代农业生态化发展综合水平的提高。

通过前述内容分析，可得到以下启示：①转变农业经济发展方式，改变"高投入、高产出、高排放"的粗放型发展方式，通过发展循环农业、节能农业、节水农业和有机农业，优化农业生产结构和农资投入结构。②根据兵团各师具体情况，采取差异化的现代农业生态化发展手段。农业经济发展水平高的师团通过引进国内外先进农业技术和管理理念，提高农业资源和能源消耗效率；农业经济发展较落后的师团应主动打破师团之间的区域和行政局限，向发展较快的师团学习和借鉴其发展经验，实现农业技术、人才和信息等资源的共享，改进农业生产条件和环境。③针对农业技术型人才，政府可通过生态补贴和优惠措施，鼓励各师科研机构和农业龙头企业联合培养实用性技术人才，提高技术人才的自主创新能力；针对农户，逐步由室内培训转变为田间地头实践指导，培养农户的生态理念，提高农户对生态技术的运用能力，实现人力资本与农业技术的协调发展。④加强农业生态技术的研发和推广，建立"产学研"一体化的研究平台和管理体制，充分发挥现代农业示范园区的作用，在兵团各师建立一批农业生态技术示范点和基地，健全"师—团—连"各级农业技术推广体系，提高农业生态技术的转化和推广。

四、本章小结

结合第三章影响机制分析内容，本章进一步提出理论研究假设，通过建立双重门槛模型，实证检验分析农业技术进步对现代农业生态化发展的影响效应。

首先，农业技术进步对现代农业生态化发展综合水平的作用受人力资本和农业经济发展水平的影响。当人力资本水平较高（即农业劳动力中初中及以上文化程度人数>26160人）和农业经济发展水平较低（人均第一产业总产值<66038.95元）时，农业技术进步对现代农业生态化发展综合水平具有积极作用；反之，人力资本水平较低（即农业劳动力中初中及以上文化程度人数<26160人）和农业经济发展水平较高（人均第一产业总产值>66038.95元）时，农业技术进步对现代农业生态化发展综合水平具有消极作用。

其次，随着人力资本的增加，农业技术进步对现代农业生态化发展综合水平的影响呈现倒"U"形，表明仅当人力资本与农业技术进步实现有效匹配，农业技术进步才能对现代农业生态化发展综合水平产生显著的正向作用；随着农业经济发展水平的提高，农业技术进步对现代农业生态化发展综合水平的影响呈现正"U"形，表明当前兵团农业发展仍以经济效益为主，过度使用农用物资所产生的生态问题及负影响远超过于农业技术进步对现代农业生态化发展综合水平提升的正效应。

再次，人力资本和农业经济发展水平提高1%，兵团现代农业生态化发展综合水平分别提高11.75%和9.22%，表明较高的人力资本和农业经济发展水平总体上有利于提高现代农业生态化发展综合水平。

最后，控制变量中，农业贸易开放对现代农业生态化发展综合水平具有正向作用，土地经营规模和工业化水平对现代农业生态化发展综合水平均具有负向作用。

第六章　农业制度发展对兵团现代农业生态化发展的影响分析

现代农业生态化发展需要有关的农业制度变革创造有利的制度环境和支撑条件来推动。每项现代农业制度制定的时代背景、出发点及动机不同，在不同的制度环境下有关主体的决策与行为也会随制度变革而改变，往往"好"的制度安排对相关主体行为产生有效激励和约束（周新德和彭平锋，2019），新的制度安排会产生新的潜在收益、改变组织或群体操作新制度的成本及利润分配方式和比例（刘刚，2020）。从第三章农业制度对现代农业生态化发展的影响机制分析可知，产权结构更完整和农业主体获得更多剩余权，可以增强职工的生态生产行为和生态产品供给动力，更完善的制度安排有助于规模化经营等，进而推动现代农业生态化发展。在此基础上，本章结合兵团农业制度发展现实，从农业经济体制和农业经营体制两方面，对理论假说进行检验，进一步探讨农业制度对现代农业生态化发展的影响效应。

一、农业经济体制与现代农业生态化发展

农业经济体制改革中涉及农地产权结构是否完整的问题。制度变革过程实则为产权分界和重组的过程，在不同的制度下，赋予农业生产者的权利束不同，越

是完整的农地产权结构，职工越能获得更多的使用权、收益权和交易权等权利束，越能激励和约束农业生产者的决策与选择。但是存在交易成本、信息不对称、人的有限理性的问题，制度的不完备导致产权残缺和效率损失（冀县卿，2010）。只有当农户拥有更多的剩余索取权和控制权时，才能避免其破坏资源和资产的短期行为，并增加其对农业的投资和激励其做出更可持续性的行为。显然，农地产权作为农业经济体制与现代农业生态化发展的中介物质，其产权结构是否完整，农业生产者能否从中获取更多剩余权，直接影响着农业生产者的生态性生产行为。因此，本节主要基于理论假说和经验，检验在兵团农业经济体制改革不同阶段下，农地产权结构变化对现代农业生态化的影响。

（一）理论分析

农地产权结构变迁是逐步完善职工的产权权利束，确定权利束中某一项或某几项权利或是界定、实施和保护主体已拥有的权利。农地产权结构变迁对职工的行为和动机也有一定的诱导性。如果目标是经济增长，那么产权结构应诱导主体开展增加经济收益的活动，如果目标是现代农业生态化发展，那么产权的结构应诱导职工实行有关促进经济增长、改良生态环境和生态保育的生产行为。但农地产权结构变迁具体如何影响现代农业生态化发展？借鉴冀县卿（2010）、柴富成（2013）等学者有关农地产权的分析思路开展相关分析。

假设农业经济体制对现代农业生态化发展的影响表现如下：

$$O=f(T，E，S，P) \tag{6-1}$$

式（6-1）中，O 表示现代农业生态化发展水平，T 表示农业技术，E 表示农业管理制度环境，S 表示农业经济体制，P 表示其他因子。若农业技术 T、制度环境 E 及其他因子 P 保持不变，式（6-1）可以改写为：

$$O=f(inst) \tag{6-2}$$

式（6-2）中，inst 表示制度，式（6-2）表示现代农业生态化发展水平是农业经济体制的函数，农业经济体制是决定现代农业生态化发展水平的主要变量。

在不同的农业经济体制下决定了职工有不同的权利，影响着职工的行为和选择，进而影响现代农业生态化发展水平。因此式（6-2）可以进一步转化为式（6-3）和式（6-4）。

$$O = f(B) \tag{6-3}$$

$$B = f(inst) \tag{6-4}$$

式（6-3）和式（6-4）中，B 表示职工的行为。就农地产权结构对现代农业生态化发展的影响而言，prs 表示农地产权结构，且 prs=0 时表示职工不拥有农地产权，prs=1 时表示职工拥有完整、完全的农地产权。一般来说，职工所拥有的农地产权结构 prs 是一个大于 0 小于 1 的变量，即 0<prs<1（柴富成，2013）。由于现代农业生态化发展水平与职工的行为有关，因此：

$$ap = f(pa) \tag{6-5}$$

pa 表示职工的预期和行为，ap 表示现代农业生态化发展水平，式（6-5）是职工的预期和行为的函数。

设 C(pa) 为职工行为的成本，并且 C(pa)>0，C′(pa)>0，C″(pa)>0，即成本函数是一个凸性函数。

假设农地产权结构为 prs，职工获得的土地收益与农地产权结构比例相一致，则职工可以获取的份额为 prs * f(pa)，此时，职工最优努力由 prs * f(pa) = C′(pa) 决定，由式（6-5）可以推出 prs = C′(pa)/f′(pa)，令 C′(pa)/f′(pa) = g(pa)，则 prs=g(pa)，prs=g⁻¹(prs)，这表明，职工行为受到农地产权结构的影响。式（6-5）可以由下列函数式表示：

$$ap = f[g^{-1}(prs)] \tag{6-6}$$

式（6-6）表明现代农业生态化发展水平是农地产权结构的复合函数，令 f[g⁻¹(prs)] = φ(prs)，则：

$$ap = \varphi(prs) \tag{6-7}$$

不难理解，

$$ap(prs) = ap(prs=0) + prs[ap(prs=1) - ap(prs=0)] \tag{6-8}$$

式（6-8）中，ap(prs=1)-ap(prs=0) 为 prs=0 时的农业效益，ap(prs=1) 表示 prs=1 时的农业效益，且 ap(prs=1)-ap(prs=0) = Δap>0，考虑到 ap(prs) 是 prs 的增函数，则下列等式成立：

$$ap(prs=1)>ap(0<prs<1)>ap(prs=0) \tag{6-9}$$

式（6-9）表明，职工拥有越多、越完整的农地产权，农业效益越高，即越有可能对农业进行投资，注重生态性生产行为。第一，当前完整的农地产权包括独享的收益权、排他的使用权和土地自由流转权，任何一项权利的缺失，都会影响职工的生产积极性和经济预期，增加其为了提高收益而开展的短期行为（柴富成，2013），增加农业污染排放和生态环境破坏的可能性，给农业带来更多的负外部性，从而影响现代农业生态化发展。第二，当职工的各项权利得到充分界定、实施和保护，拥有越完整的产权权利束，可能会增加更多的潜在收益，对其决策所带来的风险和损益的承受力增强，激发职工的长期行为，降低其"搭便车"行为，合理和高效利用要素资源，内化未来价值和负外部性，促进现代农业生态化发展。为此，可以假设：农地产权作为农业经济体制与现代农业生态化发展的中介物质，农地产权越明晰，产权结构越完整，越有利于职工调整农业生产成本与收益结构，增强其决策的损益承受力，越能激发其农业生产经营的积极性，获得的农业效益越高，越有助于其对农业可持续发展的投资及提高现代农业生态化发展综合水平。

为进一步证实上述观点，假设现存在两种农地产权结构 prs_1 和 prs_2，且满足 $prs_1<prs_2$，该不等式表示 prs_2 下职工拥有更加完整的农地产权。现对两种不同农地产权结构状态下的职工行为进行分析，并做如下假设：

假设1：对职工来说，农地产权结构是一个外生变量，他只能根据既定的农地产权结构调整自己的行为。农户行为 pa 取两个标准化的值 $pa\in\{0,1\}$，分别表示零努力水平和正努力水平。相对于 prs_1 而言，prs_2 农地产权结构状态下，农户除了付出努力 pa 外，还会进行土地的长期投入努力 lri，并由于土地长期投入的努力导致土地质量变优，且生产力增加 Δlp。由于农户努力的增加需要付出成本和代价，给农户带来负效用 ω，且农户努力越多，负效用越大。prs_1 和 prs_2 与相对应的农户负效用分别为 ω_1 和 ω_2，且 $\omega_2>\omega_1$，努力的边际负效用不递减。

假设2：农业绩效受职工行为的影响，农业绩效的值为 $\{\underline{ap},\overline{ap}\}$，其中 $\overline{ap}-\underline{ap}=\Delta ap>0$。团场偏好职工正的努力水平。当农业绩效为 $\overline{ap}$，团场对职工的转移

支付为 $\bar{tp}$；当农业绩效为 $\underline{ap}$，团场对职工的转移支付为 $\underline{tp}$，且 $\bar{tp}>\underline{tp}$。当农户行为 $pa=1$，这一行为可能以 p_1 的概率实现绩效 $\bar{ap}$，农户获得转移支付 $\bar{ap}$，也可能以 $1-p_1$ 的概率实现绩效 $\underline{ap}$，农户获得转移支付 $\underline{tp}$；当农户行为 $pa=0$ 时，这一行为可能以 p_2 的概率实现绩效为 $\bar{ap}$，团场对农户的转移支付为 $\bar{ap}$，也可能以 $1-p_2$ 的概率实现绩效 $\underline{ap}$，农户获得转移支付 $\underline{tp}$。其中 $p_1>p_2$ 两个概率的差记为 $p_1-p_2=\Delta p$。$\bar{R}$ 表示政府从 $\bar{ap}$ 中获得的效用，$\underline{R}$ 表示政府从 $\underline{ap}$ 中获得的效用。

假设3：职工的效用函数 $U=\mu(tp)-\omega(pa)$。其中 tp 和 pa 是可加可分的。U 是递增的、凹的，即 $U'(\cdot)>0$，$U''(\cdot)\leqslant0$。$U(\cdot)$ 的反函数为 $\eta(\cdot)=U^{-1}(\cdot)$，则 $\eta(\cdot)$ 是递增的和凸的。令 $\bar{tp}=\eta(\bar{u})$，$\underline{tp}=\eta(\underline{u})$。

农地产权结构为 prs_1 时，意味着农户拥有的农地产权存在产权残缺，农户因此缺乏对土地进行长期投资努力的激励，即 $lri=0$。对团场而言，

$$\underset{(\bar{u},\underline{u})}{\text{Max}}\ p_1[\bar{R}-\eta(\bar{u})]+(1-p_1)[\underline{R}-\eta(\underline{u})] \tag{6-10}$$

$$\text{s. t.}\ p_1(\bar{u})+(1-p_1)(\underline{u})-\omega_1\geqslant0 \tag{6-11}$$

$$p_1(\bar{u})+(1-p_1)(\underline{u})-\omega_1\geqslant p_2(\bar{u})+(1-p_2)(\underline{u}) \tag{6-12}$$

式（6-11）为职工的参与约束，式（6-12）为职工的激励约束。

构建拉格朗日方程如下：

$$L=p_1[\bar{R}-\eta(\bar{u})]+(1-p_1)[\underline{R}-\eta(\underline{u})]+\lambda[p_1(\bar{u})+(1-p_1)(\underline{u})-\omega_1-p_2(\bar{u})-(1-p_2)(\underline{u})]+\mu[p_1(\bar{u})+(1-p_1)(\underline{u})-\omega_1] \tag{6-13}$$

对 $\bar{u}$ 和 $\underline{u}$ 进行优化，分别得到以下的一阶条件：

$$-p_1\eta'(\bar{u}^{SB})+\lambda(p_1-p_2)+\mu p_1=-\frac{p_1}{\mu'(\bar{tp}^{SB})}+\lambda\Delta p+\mu p_1=0 \tag{6-14}$$

$$-(1-p_1)\eta'(\underline{u}^{SB})-\lambda(p_1-p_2)+\mu(1-p_1)=-\frac{(1-p_1)}{\mu'(\underline{tp}^{SB})}+\lambda\Delta p+\mu(1-p_1)=0 \tag{6-15}$$

式（6-14）和式（6-15）中，SB 表示次优解，$\bar{tp}^{SB}$，$\underline{tp}^{SB}$ 是次优转移支付。将式（6-14）和式（6-15）简化，可得：

$$\frac{1}{u'(\overline{tp}^{SB})} = \mu + \lambda \frac{\Delta p}{p_1} \tag{6-16}$$

$$\frac{1}{u'(\underline{tp}^{SB})} = \mu - \lambda \frac{\Delta p}{1-p_1} \tag{6-17}$$

求解，可以得到：

$$\mu = \frac{p_1}{u'(\overline{tp}^{SB})} + \frac{1-p_1}{u'(\underline{tp}^{SB})} \tag{6-18}$$

$$\lambda = \frac{p_1(1-p_1)}{\Delta p}\left[\frac{1}{u'(\underline{tp}^{SB})} - \frac{1}{u'(\overline{tp}^{SB})}\right] \tag{6-19}$$

显然，$\mu > 0$。因此，参与约束式（6-11）是紧的。又因为 $\overline{u}^{SB} - \underline{u}^{SB} \geqslant \frac{\omega_1}{\Delta p} > 0$，且 $\mu'' < 0$，$\overline{tp}^{SB} > \underline{tp}^{SB}$，所以 $\lambda > 0$ 成立，则激励约束式（6-12）是紧的，可得：

$$\overline{u}^{SB} = \omega_1 + (1-p_1)\frac{\omega_1}{\Delta p} \tag{6-20}$$

$$\underline{u}^{SB} = \omega_1 - p_1\frac{\omega_1}{\Delta p} \tag{6-21}$$

因此，职工得到的次优转移支付为：

$$\overline{tp}^{SB} = \eta(\overline{u}^{SB}) = \eta\left[\omega_1 + (1-p_1)\frac{\omega_1}{\Delta p}\right] \tag{6-22}$$

$$\underline{tp}^{SB} = \eta(\underline{u}^{SB}) = \eta\left[\omega_1 - p_1\frac{\omega_1}{\Delta p}\right] \tag{6-23}$$

由式（6-22）和式（6-23）可知，只有当绩效为 $\overline{ap}$ 时，职工得到的转移支付才能大于 $\eta(\omega_1)$，而要做到这一点，农户需要付出正的努力。因为如果职工不努力，其得到的转移支付少于 $\eta(\omega_1)$。但是，给定 prs_1，由于农地产权不完整、不完全而导致的产权残缺，农户努力追求短期农业效益往往导致土地资源环境的恶化，进而丧失土地这一长期投资努力可能带来的收益。

农地产权结构为 prs_2 时意味着农地产权更完整、更完全，职工不仅具有努力生产的激励，而且具有对土地进行长期投资的积极性。对团场而言：

$$\underset{(\overline{u}, \underline{u})}{\text{Max}}\, p_1[\overline{R} - \eta(\overline{tp} + \Delta lp)] + (1-p_1)[\underline{R} - \eta(\underline{tp} + \Delta lp)] \tag{6-24}$$

$$\text{s. t. } p_1u(\overline{tp}+\Delta lp)+(1-p_1)u(\underline{tp}+\Delta lp)-\omega_2\geqslant 0 \tag{6-25}$$

$$p_1u(\overline{tp}+\Delta lp)+(1-p_1)u(\underline{tp}+\Delta lp)-\omega_2\geqslant p_2u(\overline{tp}+\Delta lp)+(1-p_2)u(\underline{tp}+\Delta lp)-\omega_1 \tag{6-26}$$

求解，可以得到：

$$\overline{u}^{SB}=\omega_2+\frac{(1-p_1)\Delta\omega}{\Delta p} \tag{6-27}$$

$$\underline{u}^{SB}=\omega_2-\frac{p_1\Delta\omega}{\Delta p} \tag{6-28}$$

职工得到的次优转移支付为：

$$\overline{t}^{SB}=\overline{tp}^{SB}+\Delta lp=\eta(\overline{u}^{SB})=\eta\left[\omega_2+\frac{(1-p_1)\Delta\omega}{\Delta p}\right] \tag{6-29}$$

$$\underline{t}^{SB}=\underline{tp}^{SB}+\Delta lp=\eta(\underline{u}^{SB})=\eta\left[\omega_2\frac{p_1\Delta\omega}{\Delta p}\right] \tag{6-30}$$

由式（6-29）和式（6-30）可知，当农地产权结构为 prs_2 时，职工为得到大于 $\eta(\omega_2)$ 的转移支付，不仅需要正的努力，而且要实施对土地的长期性投资，只有如此，才能实现高的绩效 $\overline{ap}$。否则，如果职工不努力，其得到的转移支付少于 $\eta(\omega_1)$。

因此，理论假设为：农地产权作为农业经济体制与现代农业生态化发展的中介物质，农地产权越明晰，产权结构越完整，增加职工各项专利权的保护，有利于职工调整农业生产成本与收益结构，降低交易费用和生产经营风险，增加个人经营性收益，激发其做出更多努力，提高其积极行为、意识和动机，如对农业可持续发展的投资，获取和接受新知识、方法和技术，展开生态性生产，推动现代农业生态化发展（卢现祥，2006）。

（二）经验检验

兵团农业经济体制改革是紧紧围绕中国农业基本经济体制改革背景下开展的，改革开放前，主要涉及农地所有权的变革，改革后，主要涉及农地经营、使用和收益权的改变。改革中所涉及的农地产权变迁同样经历了产权集中然后又进行分解的过程（"两权合一"—"两权分离"—"三权分置"）。但兵团的特殊使命和特殊性质必然要求兵团的农业经济体制有特殊的安排，具有其独特性和优势，农业经济体制的变迁是自上而下推动的强制性变迁，具有浓厚的计划经济色彩，每一次改革的着力点及职工从中获得的权利结构均有差异，职工的身份、权利和义务不同于国内其他农户。国内农户以家庭经营为主，土地承包期限由最初的 1~3 年延长到 15 年，或到 30 年不变，新一轮的改革中再延长 30 年，土地分散、细化和承包面积小，农户自始至终都是面向市场，自主经营和自负盈亏，具有较为稳定的农地产权，拥有较为完整的使用权、经营权和收益权（冀县卿，2019）。兵团职工同样以家庭经营为主，既要承担农业生产责任，又要承担成边责任。土地承包合同由原来的一年一签，到颁发国有农用地承包经营权证，承包期延长到职工退休，人均土地承包面积在 40 亩左右。在 2017 年兵团团场综合配套改革前，职工按照自上而下的经济指令开展农业生产活动，受限于团场的管理和制约。农业生产经营主体是团场，职工经营权缺失，农业收益权被团场以订单合约的形式分割和占据。改革后，职工获得充分的经营权，逐渐由被动的"生产车间"转变为生产经营管理者，自主选择生产资料、种植品种、生产服务等，在自愿基础上以互换、转包、出租等形式实现土地流转。显然，随着兵团农业经济体制深化改革，农地产权不断得到完善，农地产权结构也越来越完整和完全，职工从农地中获得的使用权、经营权、收益权等不断得到界定、保护和实施，职工从农地中获得的收益得到提升，农业生产经营管理方式发生转变，对土地长期投资的意愿增强。健全的土地产权制度通过促进农民在土地上的投资以及采用新的和更好的技术提高农业资源配置效率，促进农业的内生增长与发展，实现农业的持续高效发展。现结合上述理论假说及兵团农业经济体制改革实际经验，检验分析农业经济体制发展对现代农业生态化发展的影响。

兵团农业经济体制改革的历程分以下几个阶段（刘俊浩，2008）：

第一阶段是"三奖一定"的生产责任制（1979~1982 年）。改革着力点是为了克服之前人民公社下的"吃大锅饭"问题，提高农业经济。该生产责任制在分配上实行工资浮动、联产计奖等办法，在一定程度上克服了"吃大锅饭"的现象。但这一改革并未改变原有的农业计划管理体制框架，职工没有土地承包权，更没有土地排他性的使用权、收益权和交易权，不完善的产权结构，排他性的缺失，缺乏有效的监督和激励，导致农业生产中仍存在"搭便车"行为，职工的生产积极性低，降低了生产效率。

第二阶段是"一主两翼"的经济责任制（1983~1987 年）。该经济责任制度的提出是兵团借鉴国内农村改革经营，为了提高国有农场经营管理效率。"一主两翼"是指以兴办职工家庭农场为主体，发展职工开发性家庭农场和职工庭院经济为两翼的土地联产承包责任制（曹健，2011；柴富成，2013），是"团场—连队—职工"垂直行政管道的层层"承包"，初步建立了以职工家庭承包为基础的"大农场套小农场"的统分结合的双层经营体制。职工可以开荒和建立家庭农场，可以独户、联户、联劳生产，以"承包到劳、核算到户、联产计酬"的委托方式将农业生产经营"田间地头"工序交给职工管理。该阶段的改革，调动了职工生产管理的积极性，同时保留了团场生产经营的主体地位（刘俊浩，2008），职工相当于是团场的"员工"或"打工者"，只获得了有限的土地使用权，并未获得真正意义上的土地承包权，农场经营管理效率低。

第三阶段是团场企业承包制（1988~1992 年）。该阶段是兵团农业经济体制定性阶段，确定了以职工家庭生产管理为基础、以团场生产经营为主的"统分结合"的双层经营体制。各师与团场签订承包经营合同或目标管理责任书，团场内部层层实行承包责任制管理，形成了"师（局）—团—营—连—职工"的层层分解、实行承包的链条。该阶段职工获得土地承包权，但其获得的土地使用权排他性弱，职工缺乏生产经营自主权。实行企业承包经营责任制明确了团场的法人地位和经营自主权，团场是独立经营主体，占据土地经营权和收益权，职工完成生产任务和各项指标，依旧保持"团场出钱，职工种地，团场承担职工亏损的无限责任"的格局。

第四阶段是"两费自理"和"租赁经营"（1993~2000 年）。改革出发点是解决承包制带来的职工负盈不负亏，减轻团场负担。1993 年底，兵团在团场全面推行职工生产费和生活费"两费自理"和承包、核算、分配、风险（四到户），农机、牲畜作价归户为主的产权制度改革，团办企业推行租赁经营和股份合作制等经营模式。该阶段团场将农业生产经营成本及风险转移给职工，职工获得了农业生产经营权、使用权和有限的土地收益权，增加了职工经营风险意识，调动了职工生产经济性和创造性。但职工能从该合约安排下获得的收益和剩余极为有限，产生了团场与职工间的利益矛盾。

第五阶段是综合改革（2001~2005年）。《关于深化农牧团场改革的意见》及3个配套文件（简称"1+3"文件）出台，旨在扩大职工的民主权利和经营自主权，厘清分配关系和减轻职工负担，转变师团管理职能，建立健全社会化服务体系，兵团农业经济体制进入了综合改革阶段。此次改革确立了承包职工家庭经营主体的基础地位，扩大了职工经营的自主权和收益权，因农业税、职工社保费用、团场管理费用、生产费用等较高，职工从农业中所获得的收益权降低，为了增加更多产出与收益，职工生产方式粗放。在当时，兵团农业现代化得到空前发展，农业总产大幅度提升，农业经济高速发展，生态环境问题也越来越突出。

第六阶段是落实团场基本经营制度（2006~2012年）。在国家取消农业税后，兵团又制定出台了《关于进一步完善"1+3"文件若干政策的补充意见》，改革出发点是实现"职工减负"和建立屯垦戍边新型团场。该阶段提出"土地承包经营、产权明晰到户、农资集中采供、产品订单收购"（柴富成，2013）的团场基本经营制度，强调发挥兵团组织优势和集团优势，实现农业生产经营"统一"发展，规范团场经营主体的管理和服务行为，解决兵团特殊管理体制与市场机制的关系问题。该阶段职工的农地产权得到进一步完善，职工拥有被界定的土地的长期使用权，但仍存在产权虚置问题，职工应享有的承包地、经营权和收益权，被兵团团场以订单合约的方式分割。

第七阶段是团场综合配套改革（2013年至今）。2012年兵团出台了团场综合配套改革试点工作的指导意见，围绕团场实现"政企、政资、政事、政社"的要点，选择了29个团场作为团场综合配套改革试点，但试点运行效果不佳，并未实现"四分开"，未真正考虑职工的实际需求和利益，职工未从中获得改革红利。2017年兵团明确了团场深化改革事项，全面取消"五统一"，确定职工身份、土地确权颁证、连队"两委"选举等。2018年印发了《新疆生产建设兵团连队职工身份地（耕地）经营权流转管理办法（试行）》，确定了流转方式等事项，兵团职工才获得真正意义上的，较为充分的自主经营权、土地流转权、收益权。明晰农地产权后，延长了土地承包期、明确了职工的土地经营权、拓展了农地使用权，农地排他性增加，强化了农地交易权，扩充了职工农地收益权。

每一阶段兵团农业经济体制改革的目标、兵团职工所获得的权利束都不同，职工在农业生产中的决策与选择不同，所产生的效率存在差异，对农业生态化发展的作用也不同。在1982年之前，农业经济体制改革目标是为了恢复兵团农业经济活动，解决团场和职工"搭便车"行为，更好地完成计划生产任务，并以行政命令性计划推动，经营上自我封闭，产权和产权结构单一，而兵团职工在农业生产中没有任何的产权权利束。1983~1992年，农业经济体制改革的目标是恢复兵团农业经济发展，提高国有农场经营管理效率，提高农业经济产出。为了增产和充分利用土地和劳动力资源，初期职工可以开荒和建立家庭农场，到逐步确定了以职工家庭生产管理为基础、以团场生产经营为主的"统分结合"的双层经营体制，兵团职工获得了土地承包权和土地使用权，但并不是农业生产经营主体，特别是在"一主两翼"下，职工在两用地、责任地享有不同的权利，职工仍是生产车间的角色，职工在责任地上只有生产权而少经营权，农地实际上是以生产资料的形式和生产任务捆绑在一起，农业产权的缺失并不能有效激发农业生产劳动动力。1993~2000年，农业经济体制改革的目标是增产和团场减负，在这一阶段，职工拥有土地使用权和部分生产经营权，需承担交税任务和面临生产经营风险，农业生产的最终目的是增产增收，市场意识弱，更缺乏生态化生产的意识和行为。2001~2016年，兵团职工的农业产权结构逐渐得到完善，农业生产经营权不断扩大，并获得部分收益权，市场意识增强，对生态环境破坏也有了初步的认识，得益于兵团推行的"五统一"农业生产管理方式，职工在生产中也普遍采用节水灌溉设施、农机服务等，部分团场和连队在生产中采用秸秆还田、施用降解膜等，有利于保护农业生态环境。但是职工对农地承包期限的不固定，缺乏长期投资农地的动机和信心；职工还要上缴团场管理费等费用，剥夺了其部分收益权。兵团职工生产积极性高，但在不完整的农地产权结构下，不能有效实现农地流转，无法获得更有效的规模经济、降低交易费用、转移和分散风险，也无法实现外部性内部化所带来的外部利润，存在效率损失，所以，职工生态化生产积极性低。

在 2017 年兵团农业经济体制改革前，职工作为最终代理人在团场的授权下进行农业生产。团场对于地方政府是一个国有企业，负有纳税义务，对于单位职工来说又是一级政府，负有各种社会义务。团场的这种双重身份承担巨大压力，以至于只能将经营收益来源全压在农地上，大部分费用都来自兵团的生产经营收益，收入来源有两种途径：一是土地承包费用；二是通过垄断农业生产的流通领域获取农业经营收益。职工家庭只是团场的生产车间。在订单合约签订时，团场国有土地代理人的身份使得合同双方地位不对等，类似于市场化的收购行为必然演变为行政性的强势合同，构成了团场和职工家庭分割利益的关系，使得职工家庭在收入分配时始终处于劣势（曹之然和刘俊浩，2009）。产权由使用权、收益权和交易权组成，是一束权利，在这个阶段虽然将承包权交付给职工，但是实际上职工并不能获得完整的农地产权，其使用权、收益权和交易权存在分割。所以，在该阶段职工开展生态性生产活动的积极性和意愿应该是非常低的，因为对于职工而言，只有不断提高产出，才能保证经济收入，农业生产的目的和动机更多是为了获取经济收益。加上对农地流转的法律歧视、行政垄断以及市场管制，职工无法成为独立的市场经营主体，在生产中不得不想方设法增加收入，如大量使用化肥、农药等投入品；土地长期固定政策落实不到位、"土地证"发放不到位、随意调整职工承包地的现象，严重阻碍了土地的正常经营和流转（曹建和李万明，2011），职工并不会将土地当作自己的财产，没有足够的动机使其对土地进行投资和改良，显然是不利于现代农业生态化发展。

2017 年的农业经济体制改革目标不仅是增产、增收和减负，还包括对农业可持续发展的考虑。改革后，打破了团场与职工利益分割的矛盾，重新确定了职工身份，将土地经营权完全转交给职工，实现了职工经营自由，职工的身份已由被动的执行主体转变为经营土地、处置农产品和市场化中的主体。唐姚等（2019）指出职工身份地得到确权颁证，真正改变了土地的短期承包、经营不稳、掠夺式生产、土地投入不足等问题。职工与农业生产的联系更紧密、更直接，其拥有更完整的农地产权结构，有稳定的使用权、自由的土地交易权和土地收益权，形成长期而又稳定的预期，增加对农地的持续性投资，合理地管理和使用土地有利于专业化分工，实现规模经营和"抱团发展"。罗必良（2019）指出当农户面对"失而复得"的土地权利，农户产生强烈的物权意识，即农地产权明晰实际上也是"固化"职工对承包地的"所有权"意识，并产生效率，对现代农业生态化发展有促进作用。

总体上，明晰农地产权有利于兵团发展[①]，使兵团政府地位合法化，减轻兵团对职工的养老负担，通过兵团职工身份的确定及土地确权，各师兵团职工身份地均等化，兵团农业生产经营和地方一样，兵团职工自由选择种植品种、化肥和农药，可以选择经济效益更高的作物，通过土地流转实现规模化经营，增加职工对农业发展和家庭增收的信心。释放市场活力可以增强职工的竞争意识和抗风险能力，倒逼职工结合市场需求进行生产与经营，提高其对生态产品需求的感知，转变农业生产方式，投资或应用生态性技术，投入使用生态物质产品，进而促进农业高质量发展和生态发展。兵团团场改革带来的影响，会有一个过渡期和适应期，部分职工不能立刻转变生产思维和生产方式，也不能快速把握市场需求和市场动态，依然会按照之前的方式生产经营。因此，兵团还需"对症下药"，引导职工开展农业活动。

二、农业经营体制与现代农业生态化发展

农地流转与集中、规模经济是农业经营体制变迁的主线（罗必良，2017）。党的十八届三中全会提出，坚持家庭经营在农业中的基础性地位，"推进家庭经营、集体经营、合作经营、企业经营等共同发展的农业经营方式创新"；党的十九大报告强调："培育新型农业经营主体，健全农业社会化服务体系，实现小农户和现代农业发展有机衔接。"2005~2017 年历年发布的"中央一号文件"是把握农业经营体制变迁的政策导向，文件中明确提出了通过多种形式的规模经营，盘活农地经营权，强调农业生产性服务在农业规模经营中的地位和作用。如 2012

[①]　根据调研结果可知，在职工对团场农业生产经营体制改革的评价情况中，70%的职工认为改革对农业生产经营有积极影响。

年"中央一号文件"提到引导土地承包经营权流转，发展多种形式的适度规模经营……2016 年"中央一号文件"中提出引导农户连片耕种。鼓励农户以土地经营权等入股进行股份合作。支持开展代耕代种、联耕联种、土地托管等专业化规模化服务。2017 年中提到加快发展土地流转型、服务带动型等多种形式规模经营。事实上，在 1987 年《把农村改革引向深入》中就已经提及"土地规模经营"和"服务规模经营"的路径。

通过上文内容分析可知，职工从农业经济体制改革中获得了更多的农地权利，包括土地经营流转权，但对兵团职工土地流转规定进行分析时发现，兵团职工只能以转包、出租和互换的方式流转，禁止以转让和入股方式流转，受让方也只能是本团场职工、户籍在本团场的具有农业经营能力的人员、经工商注册登记的本团场农工专业合作社①，显然，农业经营主体以职工家庭为主，土地经营权流转方式有限，不利于土地规模化经营、农业经营方式的创新和农业经营体系的构建。自 2017 年团场综合配套体制改革后，职工成为自主经营主体，和国内其他农户一样，可自主选择生产经营方式，自由选择农业生产资料、市场信息、农机服务等，但也反映了职工将直接面对市场，面临和现代农业衔接的问题。农业生产经营中自负盈亏，可能会产生更高的生产成本、交易费用和生产经营风险。此时，需要其他主体的介入，特别是农业生产性服务组织的融入，通过主体间融合发展来倍增优势和效率。现代农业生态化发展可以依托土地流转，以农业生产性服务组织带动服务规模化经营，实现一定的规模效益。

强调农业生产性服务在现代农业生态化发展中的作用，主要是农业生产性服务立足于农业生产全过程，可以利用专业技术人员、专用设施装备、专门营销网络，为职工和其他经营主体提供市场信息、农资供应、绿色技术、废弃物资源化利用、农机作业及维修、农产品初加工、农产品营销等全方位生产性服务，通过统一服务连接各职工，连片种植、规模饲养，形成服务型规模经营，实现小农户与现代农业发展有机衔接（张红宇，2018）。选择什么样的农业经营体制取决于土地经营在农民就业和增收中的作用，取决于农业技术进步和农业生产性服务对

---

① 《新疆生产建设兵团连队职工身份地经营权流转管理办法（试行）》中明确规定了土地流转方式、期限、面积等。

农业经营形态的影响。土地流转和规模经营的发展，要与农业生产服务水平提高相匹配，提高农业生产性服务水平，可以促进农业规模化经营（叶兴庆，2018）。农业生产性服务有规模化、专业化和绿色化优势，如土地托管服务组织可以为农户提供一种或多种全链条机械化服务，发挥其规模连片作业优势，可以在节本、增效的大型、绿色农业机械进行作业时（孙小燕和刘雍，2019），完美地将绿色生产要素导入农业生产，从而促进农业生态化发展。2017 年 8 月农业部、国家发展改革委和财政部联合发布的《关于加快发展农业生产性服务业的指导意见》明确指出农业生产性服务有利于推进农业绿色可持续发展。由此可知，农业生产性服务组织作为农业经营主体之一，是农业经营体制发展的重要内容，在农业生产经营中，发挥农业生产性服务组织的规模化、专业化和绿色化优势，通过为农户提供服务带动农地规模经营，有效实现现代农业生态化发展。因此，本节主要分析农业生产服务发展水平对现代农业生态化发展的影响，侧面论证农业经营体制对现代农业生态化发展的影响。

（一）理论分析

农业生产性服务是在农业产业链运行过程中被作为中间投入的服务。通过农业生产性服务组织间相互分工协作和优势互补，能有效联结农业产前、产中和产后各环节，在政府、农户和市场间建立桥梁和纽带。农业生产性服务组织通过为农业生产经营主体提供不同的服务和作用于不同主体之间，重新构建各主体间的关系，有助于主体间利益分配比例和结构的调整；影响农业生产经营主体的行为、农业生产方式、农业资源要素结构和利用效率、农业整体运行效果，实现农业规模化、标准化、节约化、生态化生产，进而影响现代农业生态发展水平。基于"政府—农业生产性服务机构—农户"和"农户—农业生产性服务机构—市场"两条主线，分析农业生产性服务对现代农业生态化发展的影响机理，具体如图 6-1 所示。

在产前和产中环节，农业生产性服务能为政府和职工之间搭建起要素流通和资源共享的桥梁。面向政府，农业生产性服务机构是政府和涉农部门的"代言人"，在政府资金、技术、信息与政策（如财政税收政策、基础设施建设、农业

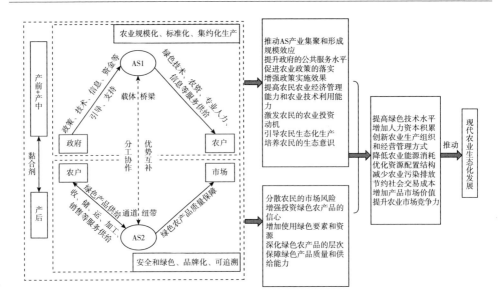

图 6-1 农业生产性服务对现代农业生态化发展的影响机制

注：AS1 和 AS2 表示农业生产性服务机构。

资料来源：笔者整理。

科技开发、农村金融信贷、农业保险、市场营销、人才培养）等的支持和引导下，有利于提高农业生产性服务机构的专业化和市场化水平，实现农业生产性服务业集聚和形成规模效应，有助于提高农业生产性服务机构的技术创新能力、服务供给能力以及资源整合能力，促进农业生产资源整合、优化和共享，提高农业资源利用效率，减少农业资源浪费和能源消耗，降低交易成本。同时，作为传递和实施政府政策和措施的载体，农业生产性服务机构能有效转化和推广应用绿色农业技术、挖掘和创新高附加值技术项目、落实有关现代农业生态化发展的政策及措施。农业生产性服务机构更接近于农户，能较好地掌握农户实时需求并反馈给政府，促进政府制定出更利于农业增效、农户增收、生态保育和环境良好的政策及措施，不仅可以提高政府的公共服务水平，还能为提高现代农业生态化水平提供良好的支撑条件和制度环境。

面向农户，农业生产性服务机构既是服务供给主体又是促使农户生态化生产的"引领人"。农业生产性服务机构通过整合有关绿色发展理念、农业政策、良种、农资、农业技术、农产品价格等信息，以更亲民和更直接的方式传递给农户和农资企业等，指导农户"以需定产"，帮助农资企业等做到"以求定供"，降低信息搜寻时间和交易费用。通过统一供种、统一农资采供，统一测土配方、统一农机作业层次等，将良种，生态型化肥、农药、农膜等农用物资，低碳化农用能源，绿色、高效、节水、节肥的农业技术，废弃物资源化利用模式推广和应用到农业生产中，改变农业生产方式，实现节能降本，降低农业污染排放。通过提供咨询和培训等服务，如在生产实践中，到田间实地为农户提供技术指导和培训服务、教会农户使用生态技术、掌握现代经营管理方式和传输生态环保知识等，提高农户的经营管理能力和农业技术利用能力，培养农户的农业投资和生态意识，带动农户遵循更高的环境标准并开展绿色化、生态化和低碳化生产。

通过发挥农业生产性服务机构在农业产前、产中环节的作用，有利于实现农业规模化、标准化和集约化生产，创新农业生产组织和经营管理方式，优化人力、资金、技术、资源、信息和知识等要素配置，为农业提供更专业和更高素质的农业人力资本，提高农业生态型技术水平，提高农业生态效率，进而促进现代农业生态化发展。

在产后环节，农业生产性服务是农户与市场有效对接的纽带和通道。农业生产性服务机构既是农户的"发言人"，又是绿色农产品质量的"保障员"。农业生产性服务机构通过金融和保险服务的供给，分散农户的市场风险，增强农户现代农业生态化发展和投资绿色及生态农产品的信心，增加绿色要素和资源的使用，从而提高现代农业生态化发展水平。通过提供产品价格、需求、供给等信息服务，减少农户的搜寻成本和降低生产及经营的不确定性，增强农户抵御市场风险的能力。通过提供安全、节能、标准和系统化的储存、运输、加工、质量检测和评价、销售等方面服务，引导和带动农户订单化种植、品牌化经营、规模化管理和产业化发展，减少操作环节和交易次数，实现节本增效，降低资源浪费、损失和能源消耗，保障绿色农产品质量和提高绿色农产品供给能力，并打破"以需定供"的惯例，刺激市场对绿色农产品的需求，提高绿色农产品的层次及市场附加值，提升农业的市场竞争力。通过发挥农业生产性服务机构在农业产后环节的作用，有利于解决农户与市场的对接问题，推进农产品绿色化、质量化、品牌化和可追溯化发展，并实现农业生产与生态效率双增。

（二）实证分析

1. 变量选择

（1）农业生产性服务发展水平（APS）。参考梁银锋等（2018）的做法，根据当年兵团的农业中间消耗值乘以往年农业生产性服务支出在总消耗中的平均占比计算得到该指标值。

（2）现代农业生态化发展水平（AEE）。第四章已计算出现代农业生态化发展的综合指数值，在此不再赘述。

（3）控制变量。农业机械化水平（MAC）：选取人均农业机械总动力（千瓦/人）表示。农业人口教育水平（EDU）：采用农业人均教育支出（元/人）衡量该指标，公式为教育支出/农业人口数。农村居民可支配收入（INC）：以连队常住居民家庭人均纯收入（元）表征该指标。农业信息化水平（INF）：选用连队常住居民家庭平均每人交通通信消费支出（元）表示。农业财政支出比重（INP）：选取农业财政支出占总支出比重（%）表征。

2. 模型选择

Tobit 模型在处理被解释变量介于 0~1 的截尾数据时有相对的优势，它适用于对部分为连续分布、部分为离散分布的因变量进行回归，能有效实现一致性和无偏估计，更精准地反映变量间的真实关系。本书的被解释变量为现代农业生态化发展水平，其综合指数值是 0~1 的截尾数据，因此，采用 Tobit 模型检验农业生产性服务发展水平对现代农业生态化发展的影响，模型具体如下：

$$AEE = \alpha_0 + \beta_1 APS_{it} + \beta_2 MAC_{it} + \beta_3 MAC_{it} \times APS_{it} + \beta_4 EDU_{it} + \beta_5 INC_{it} + \beta_6 INF_{it} +$$
$$\beta_7 INP_{it} + \mu \qquad (6-31)$$

式（6-31）中，AEE 为被解释变量，表示现代农业生态化发展水平；APS为农业生产性服务发展水平，其他控制变量分别为农业机械化水平（MAC）、农业机械化水平与农业生产性服务的交乘项（MAC×APS）、农业人口教育水平（EDU）、农村居民可支配收入（INC）、农业信息化水平（INF）和农业财政支出比重（INP）；i 为各师，i = 1，2，3，…，13；t 为年份，t = 1，2，3，…，14；

α 为常数项；β₁₋₇ 为解释变量的待估参数；μ 为随机干扰项。

3. 样本选取及数据来源

由于农业生产性服务有关数据不全，本书设定样本考察期为 2005~2018 年。数据主要来源于 2006~2019 年《新疆生产建设兵团统计年鉴》。

4. 实证模型检验

为了更好地考察农业生产性服务对现代农业生态化发展的影响效果，本节设定了 3 个模型进行对比分析，得到相应的回归结果如表 6-1 所示。

表 6-1　检验结果

变量	回归模型 1	回归模型 2	回归模型 3
APS	-0. 141*** (0. 0373)	-0. 866*** (0. 1420)	-0. 709*** (0. 1331)
(APS)²	—	0. 146*** (0. 0205)	0. 148*** (0. 0203)
MAC	-0. 271*** (0. 0699)	-0. 419*** (0. 0695)	—
APS×MAC	—	—	-0. 099*** (0. 0154)
EDU	-0. 534*** (0. 1436)	-0. 367*** (0. 1321)	-0. 342*** (0. 1306)
INC	0. 010 (0. 2577)	0. 138 (0. 2341)	0. 061 (0. 2316)
INF	0. 716*** (0. 2212)	0. 455** (0. 2022)	0. 468** (0. 1996)
INP	-0. 768*** (0. 1335)	-0. 749*** (0. 1223)	-0. 774*** (0. 1200)
CONS	-3. 044*** (1. 0402)	-2. 048** (0. 9498)	-2. 342** (0. 9325)
Number of obs	182	182	182

注：***、**和*分别为在1%、5%和10%水平下通过显著性检验，括号内的数值为标准差，数据根据检验结果整理而得。

资料来源：笔者整理。

模型 1 主要检验了各因素对现代农业生态化发展水平的影响效应；模型 2 引

入了农业生产性服务发展水平的平方项，主要检验农业生产性服务发展水平对现代农业生态化发展水平的边际贡献和影响趋势。兵团农业机械化水平高，在农业发展中占据重要的位置，农业机械化水平的提高，也是农业技术进步的表现。所以，在模型 2 的基础上，模型 3 引入了农业机械化水平与农业生产性服务发展水平的交乘项，考察在农业机械化水平协同作用下，农业生产性服务发展水平对现代农业生态化发展水平的影响效果。从 3 个模型回归结果来看，每个变量对现代农业生态化发展水平的影响效果趋势基本一致，除了农业人均纯收入变量未通过显著性检验，其余变量的回归系数均在 1% 到 5% 水平下通过显著性检验。

由回归模型 1 结果可知，农业生产性服务发展水平对现代农业生态化发展水平影响的回归系数为 −0.141，表明农业生产性服务发展水平每提高 1%，现代农业生态化发展水平降低 14.1%，农业生产性服务对现代农业生态化发展水平具有显著的负向作用。在农业生产性服务业发展不成熟、服务体系不规范和未形成规模时，农业生产性服务专业化和市场化程度较低，农业生产性服务业的发展动力和创新动力不足，不能有效服务及作用于政府、职工和市场，不能更好地发挥规模经济效应，以致农业生产性服务供给与需求不匹配，抑制职工对中间服务的需求；也不能将政府有关农业绿色发展政策、生态型技术、绿色农资、人才、资本及先进的经营管理方式和措施及时有效地推广和应用到农业各环节中，导致农业生产经营成本高，农业资源利用效率低。此外，在农业生产性服务业发展带动农业机械化发展，提高农业生产效率的同时，也有可能因为农业机械的大量使用和农机操作不规范，增加了农业能源消耗和污染排放，反而降低现代农业生态化发展水平。结合回归模型 2、回归模型 3 结果，农业生产性服务发展水平对现代农业生态化发展水平的影响趋势呈现正"U"形，农业生产性服务发展水平对现代农业生态化发展水平的边际贡献递增，说明随着农业生产性服务发展水平的提高，农业生产性服务业的技术创新能力、服务供给能力以及资源整合能力也不断提升，有利于实现专业化分工。农业生产性服务业规模的扩大，能为农业发展提供专业的人才、技术、资金、信息等服务，为生态农产品种植、加工、包装、物流等提供专业服务（赵大伟，2012），有利于生态要素流通、资源集聚和资本深化，实现生态性产业集群，有效提高资源利用效率，降低交易费用，分散生产经营风险，增加潜在收益，为现代农业生态化发展提供充足的基础与条件。

控制变量层面，农业机械化水平对现代农业生态化发展水平具有显著的负向作用，说明在兵团现代农业生产中，农业机械化给农业生态环境带来的负面影响超过了对提高农业生产率及节约劳动成本的积极贡献。农业机械化水平的提高，不仅是农机使用量的增加，还反映了农业碳排放总量的增加，对农业生态环境带来负向影响。一是在农业生产中的农用拖拉机、农用排灌机器、联合收割机、机动脱粒机等农机基本上使用的都是柴油，而柴油是农业碳排放的主要来源之一，会增加农业生态环境负担。二是如果不能合理使用农业机械，难以产生明显的环境效益，带来更多的农业碳排放量。农业机械化水平与农业生产性服务发展水平的交乘项同样对现代农业生态化发展水平具有消极影响，但估计系数较小，可能在于农业机械化与农业生产性服务两者相互影响，农业生产性服务业发展促进绿色农业技术创新和先进技术在农业生产中的应用，技术条件越先进，越有助于降低能源与中间投入的消耗；农业机械化水平提高有利于规范和完善农业生产性服务体系，两者协同作用下，有利于农业规模化经营和实现规模经济效应，逐渐降低对生态环境的负面影响。

农业人均教育支出对现代农业生态化发展水平存在负向影响，主要原因是教育支出的增加，增加了职工获得更多受教育的机会和投资机会，但受农业纯收入低的限制，农户受教育程度提高后，基于个人理性、生存与经济动机，多流向二、三产业，留下从事农业生产的职工多为受教育程度低的劳动力，受知识水平和认知能力的限制，其农业生产行为、经营方式或观念较为传统，对农业技术的学习能力相对较差，不利于现代农业生态化发展。同时也反映出当前农业教育培训的内容和方式可能与职工现实需求脱节。

农业财政支出对现代农业生态化发展水平的影响也显著为负，可能与农业财政支出结构性失衡有关，农业财政支出侧重于农业基础设施和农业补贴方面，农业生态方面的资金支持不足。因此，提高农业财政支出占总支出的比例并未提高现代农业生态化发展水平，这可能与财政支出投入的方向和利用效率出现偏差有关。

农业信息化水平对现代农业生态化发展水平的影响显著为正，农业信息化水平的提高降低了信息搜寻成本，消除了农业产业链各环节资金、技术与要素的流通障碍，有利于先进的农业技术、经营管理方式、产业组织模式等的推广、共享和应用，整合和优化农业资源配置结构，减少农业生产、物资和农产品流通过程中的各种资源消耗和污染排放，提高现代农业生态化发展水平。

连队常住居民可支配收入对现代农业生态化发展水平的影响未通过显著性检验，兵团职工兼业化现象普遍，农业收入并不是农业家庭收入的唯一来源，所以连队常住居民可支配收入的提高并不必然提高现代农业生态化发展水平。该变量的回归系数为正值，侧面反映了连队常住居民可支配收入对提高现代农业生态化发展水平的潜力，连队常住居民可支配收入的增加，在一定程度上促进农户消费结构升级，增加农户对绿色产品和良好生态环境的需求，有利于农户对农业生态的投资，促进现代农业生态化发展水平的提高。

通过分析得到启示：政府应在人力、资金、制度等方面加大支持力度，构建农业生产性服务体系，激发农业生产性服务业发展和创新动力，刺激农户对中间服务的需求，加速农业生产性服务供给与需求的匹配，实现小农经营与现代要素有机衔接。需要完善"产学研"合作体系，设置具有生态性和实用型强的技术研发和转化的专项基金，增加对绿色能源产品和技术的研发，替代石化产品的使用，降低农业污染排放。农业教育支出重点应放在职业农户培训方面，依托涉农大专院校、科研机构和农业生产性服务机构等，结合农户的实际需求和农业生态发展困境，完善培训方向、方式和内容，开展具有实际操作和"对口"性质的农户职业教育培训和指导。优化财政支出结构，提高在农业生态环保方面的支出比例。最后，建立资源共享平台和流通渠道，实现兵团各师间金融、信息、电商等资源流共享。

三、本章小结

由于第三章对兵团管理体制对现代农业生态化的影响做了分析，本章着重探讨农业经济体制、农业经营体制与现代农业生态化的关系。

第一，每一阶段兵团农业经济体制改革的目标、兵团职工所获得的权利束都不同，职工在农业生产中的决策与选择也不同，所产生的效率也存在差异，对农业生态化发展的作用也不同。随着兵团农业经济体制改革，农地产权不断得到完善，农地产权结构也越来越完整和完全，职工从农地中获得的使用权、经营权、收益权等不断得到界定、保护和实施。由最初的零产权权利束到获得了有限的土地使用权、土地承包权和部分生产经营权、较少的土地收益权，直至 2017 年团场综合配套改革后，职工才获得真正意义上的、较为充分的自主经营权、土地流转权、收益权。

在改革前，职工作为最终代理人在团场的授权下进行农业生产，所获得的农地产权结构不完整，农地使用权、经营权、收益权和交易权存在分割状态，土地使用权排他性不强，部分农业经营权和收益权被团场以订单合约方式分割，在行政性的强势合同下，职工家庭在收入分配时始终处于劣势。农业产权的缺失并不能有效激发农业生产劳动动力，职工开展生态性生产活动的积极性和意愿低，对农地承包期限的不固定，加上农地流转的法律歧视、行政垄断以及市场管制，职工缺乏长期投资农地的动机和信心，掠夺式生产的短期行为明显，显然不利于现代农业生态化发展。明晰农地产权后，增加了职工各项专利权的界定、保护和实行，职工生产经营的积极性提高，激发职工做出更多努力，如增加对农地的持续性投资，获取和接受新知识、方法和技术，有效降低交易费用和生产经营风险，增加农业经营性收益；合理地管理和使用土地，有利于专业化分工，实现规模化经营，推动现代农业生态化发展。

第二，在农业生产性服务发展水平较低时，对现代农业生态化发展具有负向作用，表明农业生产服务业系统不规范和未形成规模时，农业生产性服务组织不能有效服务和作用于政府、职工和市场，不能发挥资源集聚作用和产生规模经济效应，提高社会交易成本高和降低资源利用效率，不利于现代农业生态化发展。随着农业生产性服务水平的提高，有利于提高现代农业生态化发展综合水平。农业服务业的技术创新能力、服务供给能力和资源整合能力的提高，有利于实现专业化分工和扩大服务规模，能为农业发展提供人才、技术、资金、信息等专业化服务，有利于生态要素流通、资源集聚和资本深化，为现代农业生态化发展提供充足的基础与条件。

在控制变量中，农业机械化水平、农业机械化水平与农业生产性服务发展水平的交乘项、农业人均教育支出、农业财政支出水平对现代农业生态化发展水平具有显著的负向效应；提高农业信息化水平，有利于提高现代农业生态化发展水平；农村居民可支配收入对现代农业生态化发展水平的影响未通过显著性检验。

第七章　兵团现代农业生态化
发展的政策建议

通过对兵团现代农业生态化发展的理论与实证分析，包括发展现状、评价分析、影响因素、影响检验等，发现兵团现代农业生态化发展处于初步实现阶段且存在较强的改进空间，发展中存在资源、环境、技术与制度等诸多方面的困境与问题。因此，结合前文分析内容与结论，有针对性地提出促进兵团现代农业生态化发展的政策建议。

一、推进资源减量使用和循环使用

通过第三章和第四章的分析可知，资源利用与生态环境问题是兵团现代农业生态化的两项障碍与约束。兵团农业属于绿洲灌溉农业，水资源和耕地资源是绿洲农业的核心要素，水资源紧缺和耕地资源退化一直是兵团农业发展中的两大问题。因此，非常有必要推进资源减量使用和循环利用。

第一，持续出台有关资源减量使用和循环利用的政策，从政策方面命令并开展相关工作。要减少甚至不用常规化肥、农药、地膜，增加对生态化肥、农药、光解膜、水肥一体化技术的使用。兵团对使用生态化肥或采取生态化生产的职工给予补贴，鼓励职工开展生态化生产。要根据各师及团场的实际情况，因地制宜地落实相关政策，并根据各区域采取差异化的措施。提高废弃物资源化的技术研发和管理方式。加强秸秆肥料化、饲料化，地膜回收技术、生物化肥和农药技术、工艺和设备的研发使用，通过增加专项资金拨付①，构建完善"团—连—个人"的资源循环化的体系。通过政府规制明确划分责任主体的权利、义务和责任，提高主体的生态意识和生态化行为。构建生态化产业循环体系，提高资源利用效率，实现废弃物资源化、循环化，减少农业污染排放和农业碳排放。整合农业各产业，建立循环圈和链条，如建立"畜牧废弃物—肥料化—种植业使用—石化产品减量—污染减量—生态产品增量"链条。

第二，建立水资源统一管理机制，进一步理顺和明确水资源统一管理、流域管理与行政管理的关系。对全社会水资源开发利用实行统一规划、调配、发放取水许可证、征收水资源费，管理水量水质。充分发挥价格机制对水资源配置的基础性作用，合理的水价政策可有效地促进节约用水。应利用水价杠杆作用逐步提高水价，保证水利设施的正常维护，增加工业、农业、城市等用水主体的资源保护意识，通过价格机制激励他们合理使用水资源的行为，促进节水。工业和城市用水要推广使用节水技术、节水设备，减少水资源浪费，并循环利用废水，提高水资源的利用效率。

二、构建现代农业生态化发展的技术体系

由于缺乏合作和竞争机制，兵团各师间农业科技水平、创新能力及应用存在差异；现代农业技术供需不匹配，缺少农业科技人员以及缺少与生态性技术研发和应用相匹配的环境经济政策支持等问题，这些问题影响现代农业生态化发展。因此，围绕上述问题及现代农业生态化的内涵，从以下三方面着手构建现代农业生态化发展技术体系：

---

① 参见 2019 年农业农村部办公厅印发的《2019 年农业农村绿色发展工作要点》。

（一）加强生态性农业技术的研发与推广应用

生态性农业技术范围广，既包括农林牧副渔生产技术，还包括加工、贮运、销售等各种服务技术，如动植物新品种、病虫鼠害防治、区域综合治理、农产品综合加工、储运与销售、资源利用与生态环境保护等关键技术。生态性农业技术研发方向和重点要紧密结合兵团农业资源禀赋和现代农业发展实际，不可一概而论。兵团地处西北干旱地区，农业属于绿洲灌溉农业，生态环境脆弱和生态问题突出，特别是存在水资源紧缺、耕地质量下降、农业污染和碳排放增多等问题。重点攻克资源高效利用、环境保护、生态保育等共性关键技术，重点从高效节水节肥技术、生物农药、有机肥料、畜禽粪便、农作物秸秆资源化、可降解农用地膜等方面入手，形成节水型、减量化、低碳化、资源化的技术体系。生态性农业技术的研究与创新，要以市场需求为向导，与常规技术紧密结合，实现技术生态价值和经济价值。生态性农业技术的推广和应用与普及科学知识相结合，与职工开展农业生产活动相结合，避免在农业技术指导与培训内容时过于理论化，同时提高职工对生态性农业技术的认识，增加职工生态化发展的意识，加速生态性农业技术的扩散。

（二）健全农业科研人才的培养与激励机制

现代化农业生态化的发展要靠科技，科技的实施关键在人才。通过制定和设定相应的引进和培养科技人才项目和工程，创造良好的条件，吸引疆内外高技术人才和专业高技能人才。实行"科技将才"专项计划，以项目支持的形式，培养农业科技领军人才，建立农业科技人才队伍。依托大学、农科所、农业企业等，制定农业科技人才培养方案，鼓励培训机构和政府的劳动培训机构合作，培养出更多的农业科技人才。出台相应的激励政策，对科技创新做出贡献的主要技术骨干，给予他们实际的奖励，建立精神和物质奖励并重、政府奖励和单位奖励相结合的奖励机制，吸引和留住农业科技人才（雷振丹，2012）。

农业科技科研和推广具有区域性、长期性与公益性等特点，要增加农业科技人才科研和推广经费的投入，对生态性技术的科研项目，政府更要加大经费支持，通过设立专项资金用于生态性农业技术的研发与推广。同时要拓宽科研经费来源，增加多方式的农业科技资金投入，为农业科技人才的科研工作、加快农业科技成果转化提供资金保障。建立兵团各师间、兵团与新疆、兵团与全国甚至与国外其他国家的区域科技合作交流机制，为农业科技人才提供知识交流和学习的机会，提升农业科技人才的创新能力，同时，将国内外适宜兵团发展的生态性的新技术和知识引进来。鼓励农业科技人员定期走进市场，走进团场与连队，走到农业生产第一线，挖掘职工的真实技术需求，挖掘兵团现代农业生态化发展需要重点攻克的技术。

（三）加强政府的引导和支持

生态性农业技术研发与创新缺乏经济政策支持，缺少科技人才、资金、基础设施条件，限制生态性农业技术的研发与推广应用。研发推广工作承担主体主要是农业科研机构、高校和农业企业，各师和各主体间均缺少持续性的合作。政府具有资源配置职能，可以引导人力、物力、财力等资源流动，通过制度创新、政策激励与环境创设对不同层面创新活动进行推动、支持和引导。因此，需要充分发挥政府在现代农业生态化发展中的主导作用。

强化政府在生态性农业技术研发与创新中的服务功能，通过研发资金上的支持、技术研发方向上的引导，加强各师和各主体间的合作，建立竞争合作机制、管理体制和推广应用机制。构建更完备的"产学研"合作体系，建立一体化的研究平台、资源共享平台和科研成果转化平台，实现各农业科研供给主体在金融、信息、技术等资源流方面的共享。充分发挥现代农业示范园区的作用，在兵团各师建立一批农业生态技术示范点和基地，健全"师—团—连"各级农业技术推广体系，提高农业生态技术的转化和推广。还要培育和扩大农业技术推广主体，让合作社、企业、大户、行业协会等参与到农业技术推广中，带动周边人群对技术的认识和使用。

加大政府对生态性技术研发与应用方面的资金和政策支持。优化财政支出结构，提高在农业生态环保方面的支出比例。设置生态性农业技术研发和转化的专项基金，鼓励科研院校和企业结合现代农业发展实际，积极开展生态性农业技术研发与推广工作。对做出实际成果的科研院所单位进行表彰，对企业还给予税收或金融优惠，保障和激发各主体的研发动力，激励各主体积极引进国内外先进农业技术和管理理念，实现生态性技术的快速转化与应用。对于已有的生态性技术，择优选取实用和可行性高的技术，从政策上给予职工生态补偿补贴，由点及面推广和应用生态性技术。

兵团生态性农业技术发展缓慢另外一个重要的原因是部分领导思想封闭。由于短期治理和短期见效，现代农业生态化发展的意愿低。现有政策中有涉及生态保护责任目标考核，但具体考核内容和细则比较粗略，没有操作性，也未落地实施。通过建立完善的生态化发展顶层设计和生态考核机制，特别是可将生态性技术创新指标纳入考核体系，明文规定和落实考核内容，将考核结果与行政人员的绩效和晋升挂钩，强化其生态问责。

还需强调一点，现代农业生态化发展固然需要政府支持，但也要发挥市场的作用，可根据生态化技术类型或生产环节划分政府与市场的支持范围，如农药废弃包装物缺乏资源化利用价值，其回收处置可由政府负责，作物秸秆和畜禽粪便均具有资源化利用价值，则应在技术成熟、资源利用化提高产品附加值后，部分环节或全部可推向市场（徐雪高和郑微微，2018）。

三、完善现代农业生态化发展的制度体系

（一）建立更完善的农地产权制度

现阶段兵团农地产权实现"三权分置"，职工获得了自主经营权，土地使用权排他性增强，土地交易权和收益权扩大，但在土地经营权流转方面还有限制，包括对流转方式和流转主体、承包面积都有限制，不能以转让和入股方式实现土地流转，土地流转中的受让主体限于本团场的职工和合作社。该项规定的出发点在于保护农地，保护职工的权利，但也反映了兵团农地产权结构的不完整性，存

在产权虚置的情况。因此，要实实在在地加快农地确权工作及落实相关政策，通过立法进一步推进建立规范的土地流转制度。

在土地所有权不变的基础上，建立灵活的土地流转机制。在土地流转中，兵团及团场可适当放松管制，保持产权的灵活性和强度，盘活经营权和激活生产要素流动。通过引导和鼓励职工、农业企业、合作社等主体间的合作，创新土地流转形式，只要未违反政策法规，可以给予主体试验和试错的权利，如职工可以以土地入股到农业产业化经营模式中，此期间，兵团和团场实时跟踪土地流转情况，发挥引导和服务职能，提供信息和政策支持，稳定职工与其他主体如企业、合作社间的关系，合法化双方的利益。

健全各种中介服务机构和在完善评估机制的基础上，扩大土地流转中受让主体范围，农业企业和其他中介组织机构在物质投入、人力资本和技术开发方面都有优势，可先将在本团场注册登记的农业企业或中介组织结构考虑进去，再逐步考虑其他团场的合作社、农业企业、生产性服务组织等主体，引导土地经营权有序流向新型主体，放活经营权、使用权和收益权，完善土地经营权的产权权能，更有效地促进土地经营权流转和实现土地价值。

深入研究和探讨农地产权结构中的各项权利在土地流转中的相互关系和具体实现形式，以此为基础，制定更完善的土地流转管理制度和职工权益保障机制。规范土地流转程序，保障职工在享有土地流转权力的同时，能自主选择土地流转方式、土地流转对象。赋予职工土地流转价格及收益谈判权利，减少和规避土地流转中的违约行为和纠纷。

（二）规范现代农业生态化发展政策法规与标准

通过前述分析可知，生态产品市场供需动力不足，是因为缺乏甄别标准、农产品质量体系不健全，以及认证、监管法律法规体系可操作性差。

增补和完善现代农业生态化发展的相关政策、法律和标准。在现代生态化发展中一定要有创新和敢于改革的精神，对已有的政策和法律法规进行系统整合，保留可以落地的规定，去除"假大空"和生态化发展不适应的条文规定，规范农业生态化生产的操作规程，具体化和细分化农业生态化发展政策规定，完善耕地保护、投入品管理、农业生态保护、节约用水等方面的要求。例如，规范农药、化肥和农膜等化学投入品，农药包装回收，地膜残留回收，农业节水和水污染防治，耕地保护，生态补偿的操作规程，设定具体的使用限值和标准等。

国内已建成了无公害农产品、绿色食品、有机食品等生态型农产品的认证标准体系，但技术体系及标准并不规范，标准体系侧重于产后，轻产前和产中。因此，要结合实际，完善生产资料标准、管理过程标准、农产品标准等全流程标准体系，提高标准的规范指导作用。制定农业废弃物资源化利用、产品生产技术标准和产品标准，构建有机肥、生态化肥、生物农药等标准体系。制定统一的生产基地环境标准和农产品及其加工品的环保标准，组建相应的认证机构。建立健全生态标志型农产品的认证标准体系，让消费者能够区分生态农产品与常规农产品。有效连接供给与需求端，构建"渠道—品牌—追溯检测"三位一体的追溯系统，提高生态产品供需动力。构建生态农产品市场供需信息平台，为职工提供决策信息，更好把握生态产品市场需求，提高其生态产品供给信心。围绕生产和销售两个环节加强监管，建立生态农产品的全程质量监管体系，实施农业生态化发展的品牌化战略，依托规模化经营主体和合作联合机制，增强生态安全食品的品牌效应。

（三）加快农业生产性服务发展

现代农业生态化发展要提高农业生态效率，降低资源与环境的约束，通过农业经营体制创新，实现规模化经营。农业生产性服务业渗透于农业生产性的产前、产中和产后，具有规模化、专业化和绿色化发展优势，为农业规模化和产业化经营提供有力支撑。通过前文分析，兵团农业生态性服务业发展水平较低，降低现代农业生态化发展水平。因此，需要加快农业生产性服务发展。

新型农业经营主体有家庭农场、合作社、农业企业、社会化服务组织，在现代农业发展中往往忽视农业生产性服务组织在农业发展中的作用。要提高农业生产性服务业发展在现代农业生态化中的重要地位。在前期发展中，要增加农业生产服务业发展的财政支持力度和政策扶持力度；后续发展中，当农业生产性服务业发展较成熟时，政府应该更多地提供融资、农业建筑用地政策、保险等方面的支持。但对于促进生态化发展的农业生产服务的供给，政府可以加大优惠政策予以支持。兵团可以借助援疆计划引导和吸收援疆地区的民间资本支持农业生产性服务业发展，促进农业生产性服务业内部结构的优化升级。通过人才和招商引资政策，实现人才、技术和资金向农业生产性服务集聚，提高农业生产性服务规模优势。鼓励高校、农业科研机构、农业企业、农业部门等组织深入探索农业生产性服务标准和规范，完善农业生产性服务体系；规范农业生产性服务业管理，监控服务组织资质、服务质量和能力等。建立集资源、信息、技术、金融、保险、销售、物流等多功能服务于一体的创新服务信息平台，实现服务价格透明化，保护职工利益。

第八章 研究结论及研究展望

一、主要研究结论

通过前文理论与实证分析，得出主要结论。

第一，对兵团现代农业生态化发展现状分析可知：

兵团各师农业技术水平不同；兵团现代农业技术供需不匹配，特别是生态性农业技术供给动力不足，缺少与生态性技术研发与应用相匹配的环境经济政策支持。

在兵团特殊管理体制下的农业经济体制和农业经营体制变迁明显具有自上而下的强制性。农业经济体制变迁具有时滞性，因农地确权，职工分割为小农户，兵团现代农业组织程度和社会程度可能会下降，先进技术可能会倒退。

兵团农业生产性服务水平低，新型农业经营主体发展滞后和经营规模小，缺乏经营专业人才，组织可持续发展能力弱，服务层次低等。

有关绿色农业发展的政策和法规，未能落到具体事项中，操作性不强，效果不明显。

兵团农业属于绿洲灌溉农业，农业发展中资源与环境约束性大，生态环境先天脆弱，生态资源总量严重不足。农业资源匮乏和短缺，土壤肥力减退，水资源供需矛盾尖锐，农业污染排放和农业碳排放不断增加。兵团农业劳动力资源相对不足且素质不高；生态产品的市场需求不断扩大，"三品"发展趋好，但缺乏甄别标准、农产品质量体系不健全、认证和监管法律法规体系可操作性差。

第二，对现代农业生态化影响机制分析可知：

农业技术主要通过技术溢出效应和学习扩散效应对现代农业生态化发展产生影响，但影响效应可能会受到如人力资本、农业经济发展水平、制度等其他因素的制约。通过产权明晰化和经营规模化可以更好地实现现代农业生态化发展。此外，国内外的市场需求压力、生态性农产品的属性、甄别技术与标准供给不足等其他因素也会在不同程度上影响现代农业生态化发展。

第三，对现代农业生态化综合评价分析可知：

在一般规模报酬 GRS 限定条件下，1999～2018 年兵团农业生态效率整体下降，均值为 0.780。效率损失主要是由各项投入及非期望产出冗余造成。存在兵团农业要素资源配置结构不合理及资源浪费问题。农业生态效率变动中，相比农业纯技术效率和规模效率，农业技术进步对提高农业生态效率的贡献更大。一系列有关农业生态环境保护政策及农业制度安排也会影响农业生态效率的变动趋势。

1999～2018 年兵团现代农业生态化发展综合指数均值为 0.614，总体呈下降趋势。兵团现代农业生态化发展总体处于初步实现阶段且存在较强的改进空间。各子系统对现代农业生态化发展综合指数的影响大小为农业生态效率>环境条件>经济条件>资源条件，因此，兵团现代农业生态化发展中，关键要提高生态效率，持续发挥各条件的支撑作用，降低支撑条件约束力。

各子系统对兵团现代农业生态化发展的障碍度排序：资源条件>环境条件>经济条件>生态效率，资源利用与生态环境问题仍是兵团现代农业生态化的两项障碍与约束。再细化至各指标，发现反映农业发展实力的指标、农业科技人才支撑及耕地资源质量问题的指标、地膜使用给生态环境带来负面影响的指标障碍度较大。

在差异测算分析中可知，兵团现代农业生态化发展有一系列的差异变化，离散程度不断变大，区域差异呈现扩大的趋势。兵团 13 个师的现代农业生态化发展存在差异，但差异水平相差不大。根据现代农业生态化综合评价各项指数结果，将各师细分为高生态效率强系统条件约束型和支撑型、中生态效率条件约束型、低生态效率多系统条件强约束型三种不同的类型，并有针对性地提出差异性的发展战略重点。

第四，农业技术进步对现代农业生态化发展具有非线性影响，影响效应受到人力资本和农业经济发展水平制约。随着人力资本水平的增加，农业技术进步与现代农业生态化发展之间存在倒"U"形关系，随着农业经济发展水平的提高，农业技术进步对现代农业生态化发展的影响变化呈正"U"形。通过偏效应的计算得到，人力资本和农业经济发展水平每提高1%，兵团现代农业生态化发展水平分别会提高11.75%和9.22%。控制变量中，农业贸易开放对现代农业生态化发展综合水平具有正向作用，土地经营规模和工业化水平对现代农业生态化发展综合水平均具有负向作用。

第五，由农业制度发展对现代农业生态化发展的影响分析中可知：

设立农业经济制度对现代农业生态发展影响的理论分析假说，并就兵团经验检验假说，分析得出每一阶段兵团农业经济体制改革的目标、兵团职工所获得的权利束都不同，职工在农业生产中的决策与选择不同，所产生的效率存在差异，对现代农业生态化发展的作用也不同。明晰农地产权，是完善农地产权结构的过程，农地产权结构完整，增强职工各项专利权的界定、保护和实行，拥有稳定的使用权、自由的土地交易权和土地收益权，能激励职工开展生态化生产，激发职工做出更多努力，如主动获取和接收新知识、方法和技术，增加农地的持续投资，合理地管理和使用土地，实现规模化经营，降低交易费用和生产经营风险，增加农业生产收益，形成稳定和长期的预期，推动现代农业生态化发展。

农业生产性服务组织的规模化、专业化和绿色化优势，在现代农业生态化发展中具有重要作用。通过理论假定与实证检验得到，在农业生产性服务发展水平较低时，对现代农业生态化发展具有负向作用，表明农业生产服务业系统不规范和未形成规模时，农业生产性服务组织不能有效服务和作用于政府、职工和市场，不能发挥资源集聚作用并产生规模经济效应，提高社会交易成本和降低资源利用效率，不利于现代农业生态化发展。随着农业生产性服务水平的提高，有利于提高现代农业生态化发展综合水平。农业服务业的技术创新能力、服务供给能力和资源整合能力的提高，有利于实现专业化分工和扩大服务规模，能为农业发展提供人才、技术、资金、信息等专业化服务，有利于生态要素流通、资源集聚和资本深化，为现代农业生态化发展提供充足的基础与条件。在控制变量中，农业机械化水平、农业机械化水平与农业生产性服务发展水平的交乘项、农业人均教育支出、农业财政支出水平对现代农业生态化发展水平具有显著的负向效应；提高农业信息化水平，有利于提高现代农业生态化发展水平；农村居民可支配收入对现代农业生态化发展水平的影响未通过显著性检验。

第六，结合前文分析，主要从资源减量使用和循环使用、加强生态化农业技术的研发与推广应用、健全农业科研人才的培养与激励机制、加强政府的引导和支持、完善农地产权制度和现代农业生态化发展政策法规与标准、加快农业生产性服务发展等提出推进现代农业生态化发展的政策建议。

二、研究展望

受限于研究能力、研究范围、研究技术方法和数据等，本书必然存在一些局限性。结合研究的不足及现代农业生态化发展的要求和趋势，对下一步的研究进行展望。

第一，完善现代农业生态化的内涵及边界，加强相关方法的对比研究，更科学地构建现代农业生态化综合评价的指标体系，更合理和精准地测评兵团及其他地区的现代农业生态化水平。

第二，今后的研究不局限于兵团层面，还将拓展至新疆和全国层面。研究视角也会延伸至微观层面，细化影响因素、农业技术、农业制度与农业生态化发展的思路和对策研究，如对比分析职工、农业企业、合作社等主体在选择和运用生态技术时的博弈行为；对比分析激励政策与惩罚政策对现代农业生态化发展的影响与作用；假设农户和农业企业共同作为环境规制对象，在现代农业生态化发展中，两者的行为差异。

参考文献

［1］ Agricultural Sciences Institute. Studies on Organic Farming in Korea ［R］.
The Rural Development Administration，1993.

［2］ Altieri M A，Rosset P M，Nicholls C I. Biological Control and Agricultural
Modernization：Towards Resolution of Some Contradictions ［J］. Agriculture and Hu-
man Values，1997（3）：303-310.

［3］ Archambault S. Ecological Modernization of the Agriculture Industry in
Southern Sweden：Reducing Emissions to the Baltic Sea ［J］. Journal of Cleaner Pro-
duction，2004（12）：491-503.

［4］ Archambault S. Ecological Modernization of the Swedish Agriculture Industry
Factors Promoting and Hindering the Reduction of Emissions to the Baltic Sea
［M］. Lund：The International Institute for Industrial Environmental Economics at Lund
University，2003.

［5］ Barbier E B. Explaining Agricultural Expansion，Resource Booms and Growth
in Latin America ［J］. Environment Development and Sustainability，2003（3）：
437-458.

［6］ Beck U. Risk society：Toward a New Modernity ［M］. London：Sage，1986.

［7］ Bell D. The Coming of Post-Industrial Society：A Venture in Social Forecas-
ting ［M］. New York：Basic Books，1973.

［8］ Bizimungu E，Kabunga N. A Latent Class Analysis of Improved Agro-Technology Use Behavior in Uganda: Implication for optimal targeting [EB/OL]. [2018-07-20]. https://www.researchgate.net/publication/322797531.

[9] Dubey A, Lal R. Carbon Footprint and Sustainability of Agricultural Production Systems in Punjab, India, and Ohio, USA [J]. Crop Improvement, 2009.

[10] Erkman S. Industrial Ecology: Historical View [J]. Journal of Cleaner Production, 1997 (5): 1–10.

[11] Evans N, Morris C. Winter M. Conceptualizing Agriculture: Acritique of Post-Productivism as the New Orthodoxy [J]. Progress in Human Geography, 2002 (3): 313–332.

[12] FAO. DenBurg Manifesto and Agenda on Sustainnable Agriculture and Rural Development [C]. DenBurg: Congress of Agriculture and Environment, 1991.

[13] Gerlagh R. Measuring the Value of Induced Technological Change [J]. Energy Policy, 2007 (11): 5287–5297.

[14] Glenna L L, Mitev G V. Global Neo-Liberalism, Global Ecological Modernization, and A Swine CAFO in Rural Bulgaria [J]. Journal of Rural Studies, 2009 (3): 289–298.

[15] Hart R I. Modemization and Postmodemization: Cultural, Economic, and Political Change in the 43 Societes [M]. New Jersey: Princeton Vniversity Press, 1997.

[16] Huber J. Towards Industrial Ecology: Sustainable Development as a Concept of Ecological Modernization [J]. Journal of Environmental Policy and Planning, 2000 (4): 269–285.

[17] Huttunen S. Ecological Modernisation and Discourses on Rural Non-Wood Bioenergy Production in Finland from 1980 to 2005 [J]. Journal of Rural Studies, 2009 (25): 239–247.

[18] Inkeles A, Horton D. Becoming Modern: Individual Change in Six Developing Countries [M]. Cambridge: Harvard University Press, 1974.

[19] Liu Y S, Wu C J. Sustainable Agricultural Progress and Tasks in Recent

Studiesin China ［J］. The Joural of Chinese Geography, 1999 （3）: 228-235.

［20］ Mookherjee D, Shorrocks A. A Decomposition Analysis of the Trend in UK Income Inequality ［J］. Economic Journal, 1982, 92 （368）: 886-902.

［21］ Nieminen E, Linke M, Toble M, et al. EU COST Action 628: Life Cycle Assessment （LCA）of Textile Products, Eco-Efficency and Definition of Best Available Technology （BAT）of Textile Processing ［J］. Journal of Cleaner Production, 2007 （13）: 1259-1270.

［22］ Samuel P. Huntington: The Change to Change: Modernization, Development and Politics ［J］. Comparative Politics, 1971 （3）: 283-322.

［23］ Spaargaren G, Mol A P J. Sociology, Environment and Modernity: Ecological Modernisation as a Theory of Social Change ［J］. Society and Natural Resources, 1992 （55）: 323-344.

［24］ Williamson O E. The New Institutional Economics: Tracking Stock, Looking Ahead ［J］. Journal of Economic Literature, 2000 （38）: 595-613.

［25］ 2016 年"新增高效节水灌溉面积 2000 万亩"任务提前超额完成 ［EB/OL］. ［2016-12-19］. http: //www. hinews. cn/news/system/2016/12/19/ 030887211. shtml.

［26］ 2020 年农业科技进步贡献率力争达到 60% ［EB/OL］. ［2016-12-24］. http: //www. xinhuanet. com/politics/2016-12/24/c_ 129418537. htm.

［27］"中国工程科技 2035 发展战略研究"农业领域课题组. 中国工程科技农业领域 2035 技术预见研究 ［J］. 中国工程科学, 2017 （1）: 87-95.

［28］ 兵团党委印发《关于全面加强生态环境保护坚决打好污染防治攻坚战实施方案》的通知 ［EB/OL］. ［2018-12-04］. http: //www. xjbt. gov. cn/c/ 2018-12-04/7184534. shtml.

［29］ 兵团农业技术推广成效显著科技贡献率达到 60% ［EB/OL］. ［2016-03-30］. http: //xj. cnr. cn/2014xjfw/2014xjfw/20160330/t20160330_ 521745509. shtml.

［30］ 蔡永华. 浙江省临安市现代农业发展中的政府行为研究 ［D］. 杭州:

浙江农林大学，2013.

　　[31] 蔡漳平，叶树峰．耦合经济 [M]．北京：冶金工业出版社，2011.

　　[32] 曹博，赵芝俊．技术进步类型选择和我国农业技术创新路径 [J]．农业技术经济，2017（9）：80-87.

　　[33] 曹建飞．新疆兵团团场管理体制创新研究 [D]．石河子：石河子大学，2017.

　　[34] 曹健，李万明．兵团土地经营制度创新与农业现代化 [J]．新疆社会科学，2011（2）：42-45.

　　[35] 曹之然，刘俊浩，王士海．兵团团场成员代际退出与国家安全 [J]．西北人口，2009（3）：67-70.

　　[36] 柴富成．新疆兵团农地制度变迁与绩效问题研究 [D]．石河子：石河子大学，2013.

　　[37] 陈洪波．"产业生态化和生态产业化"的逻辑内涵与实现途径 [J]．生态经济，2018（10）：209-214.

　　[38] 陈珏．农业可持续发展与生态经济系统构建研究 [D]．乌鲁木齐：新疆大学，2008.

　　[39] 陈柳钦．产业发展的集群化、融合化和生态化分析 [J]．华北电力大学学报，2006（1）：16-22.

　　[40] 陈美球，金志农，蔡海生．生态化的基本内涵及生态化水平评价指标构建的基本原则 [J]．生态经济，2012（3）：166-169.

　　[41] 陈全会，黄海燕．技术进步、经济发展与生态效率：基于动态面板数据的系统 GMM 方法 [J]．河池学院学报，2019（2）：107-115.

　　[42] 陈儒，姜志德．农户对低碳农业技术的后续采用意愿分析 [J]．华南农业大学学报（社会科学版），2018（2）：31-43.

　　[43] 陈殊．产业生态化指标体系构建及综合评价研究：基于重庆市的实证分析 [D]．重庆：重庆大学，2008.

　　[44] 陈淑凤．工业化、城镇化、信息化、农业现代化和绿色化耦合协调发展研究 [J]．中南林业大学学报（社会科学版），2017（2）：21-26.

［45］陈银娥，陈薇．农业机械化、产业升级与农业碳排放关系研究：基于动态面板数据模型的经验分析［J］．农业技术经济，2018（5）：122-133.

［46］陈钊，徐彤．走向"为和谐而竞争"：晋升锦标赛下的中央和地方治理模式变迁［J］．世界经济，2011（9）：3-18.

［47］陈子真．制造业集聚对城镇化发展的影响研究［D］．北京：北京交通大学，2017.

［48］戴超群．创新型城市评价指标体系研究及其在南京市的应用［D］．南京：南京航空航天大学，2008.

［49］戴锦．产业生态化理论与政策研究［D］．大连：东北财经大学，2004.

［50］戴小文，何艳秋，钟秋波．基于扩展的 Kaya 恒等式的中国农业碳排放驱动因素分析［J］．中国科学院大学学报，2015（6）：751-759.

［51］杜庆九，李季鹏．兵团团场土地承包和经营权流转调查研究［J］．新疆农垦经济，2016（3）：48-54.

［52］樊斌奇，朱磊．兵团农业技术进步贡献率的测算与分析［J］．甘肃农业，2006（6）：121-122.

［53］方创琳．面向国家未来的中国人文地理学研究方向的思考［J］．人文地理，2011（4）：1-6.

［54］方淑荣，游珍，蒋慧，等．生态化：中国现代农业发展的必然选择［J］．农业现代化研究，2010（1）：43-46.

［55］冯玉桂．吉林省现代农业生态化发展研究［D］．长春：东北师范大学，2007.

［56］付东鹏，关胜侠．生态生产力发展要义［J］．南京政治学院学报，2013，29（3）：43-47.

［57］傅利平．循环经济下的林业产业生态化［J］．北京农业，2013（10）：91.

［58］高红．低碳经济视角下的产业生态化研究［D］．武汉：武汉理工大学，2012.

［59］高鸣，陈秋红．贸易开放、经济增长、人力资本与碳排放绩效：来自中国农业的证据［J］．农业技术经济，2014（12）：101-110.

［60］高晓瑾．济南市产业生态化评价与路径选择［D］．济南：山东师范大学，2011.

［61］耿献辉．中国涉农产业：结构、关联与发展——基于国际比较视角的投入产出分析［D］．南京：南京农业大学，2009.

［62］公茂刚，王学真．农地产权制度对农业内生发展的作用机理及路径［J］．新疆社会科学，2018（3）：51-60.

［63］公茂刚，辛青华．新中国农地产权制度变迁对农业投资的影响机制及实证检验［J］．财经理论与实践（双月刊），2019（3）：2-8.

［64］顾程亮，李宗尧，成祥东．财政节能环保投入对区域生态效率影响的实证检验［J］．统计与决策，2016（19）：109-113.

［65］关于印发《兵团推进农业"一控两减三基本"工作实施方案（2015—2020 年）》的通知［EB/OL］．［2015－04－08］．http：//nyj.xjbt.gov.cn/c/2015-04-08/1663723.shtml.

［66］郭炳南，卜亚．人力资本、产业结构与中国碳排放效率：基于 SBM 与 Tobit 模型的实证研究［J］．当代经济管理，2018（6）：13-20.

［67］郭利京，王颖．农户生物农药施用为何"说一套，做一套"［J］．华中农业大学学报（社会科学版），2018（4）：77-86+175.

［68］郭守前．产业生态化创新的理论与实践［J］．生态经济，2002（4）：33-36.

［69］郭永奇，张红丽．基于制度分析视角下的农业生态环境问题探讨：以新疆生产建设兵团为例［J］．农业经济，2018（11）：21-22.

［70］韩德胜．选择生态化技术路线转变农业发展方式［J］．中共青岛市委党校青岛行政学院学报，2009（1）：69-72.

［71］合作社释放"聚变"效应引领职工增收［EB/OL］．［2020－01－08］．http://www.bingtuannet.com/c/2020-01-05/7317584.shtml.

［72］何方方．新疆产业生态化发展水平、影响因素与提升路径分析［D］．

乌鲁木齐：新疆财经大学，2015.

［73］何鑫，王晓光．高标准农田项目综合效益评估研究［J］．新疆农垦科技，2018（5）：3-6.

［74］何秀荣．技术、制度与绿色农业［J］．河北学刊，2018（4）：120-125.

［75］贺莉．创新型城市指标体系与评价方法研究［D］．武汉：武汉理工大学，2007.

［76］洪雅芳，叶夏，郑昆茇，等．福建省县域农业可持续发展水平研究［J］．中国农业资源与区划，2017（2）：152-158.

［77］胡琴．四川省现代农业生态化发展水平与区域差异分析［J］．农村经济与科技，2019（15）：211-212.

［78］胡兆璋．改革开放30年：兵团农业、农牧团场的三次改革过程及五次科技飞跃［J］．新疆农垦经济，2009（2）：6-13.

［79］胡兆璋．回顾兵团农业的五次科技飞跃［J］．新疆农垦科技，2009（1）：3-6.

［80］胡兆璋．加快兵团精准农业技术体系的发展与创新［J］．新疆农垦科技，2005（1）：3-6.

［81］胡兆璋．加快农业现代化步伐的科学技术体系：精准农业技术体系［J］．中国棉花，2005（12）：2-6.

［82］黄杰，丁刚．技术进步对碳强度影响的门槛效应研究［J］．科技进步与对策，2014（18）：22-26.

［83］黄琳庆，赵聪，蔡悦灵．低碳视角下农业碳排放、农业科技进步与农业经济发展的实证研究：基于中国省域面板数据［J］．江苏农业科学，2016（5）：541-544.

［83］黄祖辉，米松华．农业碳足迹研究——以浙江省为例［J］．农业经济问题．2011，32（11）：40-47，111.

［84］黄祖辉，钟颖琦，王晓莉．不同政策对农户农药施用行为的影响［J］．中国人口·资源与环境，2016（8）：148-155.

［85］冀县卿，钱忠好．中国农地产权制度改革40年：变迁分析及其启示［J］．农业技术经济，2019（1）：17-24．

［86］冀县卿．改革开放后中国农地产权结构变迁与制度绩效：理论与实证分析［D］．南京：南京农业大学，2010．

［87］贾晶晶，张小红．青海省农业可持续发展水平评价研究［J］．产业科技识途论坛，2018（16）：82-84．

［88］贾首星，沈从举，汤智辉，等．新疆生产建设兵团农业机械化模式特点分析及发展建议［J］．中国农机化学报，2013（11）：55-58．

［89］贾卫平，吴玲．农业生态效率评价及影响因素研究：以新疆生产建设兵团农业为例［J］．安徽农业大学学报（社会科学版），2017（1）：23-29．

［90］姜保雨．现代农业"四化"发展的问题与路径选择［J］．开发研究，2014（5）：44-47．

［91］姜劲儒．基于面板数据模型的农业经济增长影响因素实证分析［J］．陕西农业科学，2010（5）：157-159．

［92］金赛美．中国农业绿色发展的空间相关性及影响因素研究［J］．商学研究，2018（6）：44-52．

［93］金书勤．推进农业绿色发展要技术和制度双管齐下［J］．经济研究参考，2018（33）：3-6．

［94］靳明．绿色农业产业成长研究［M］．杭州：浙江大学出版社，2008．

［95］康继军．中国转型期的制度变迁与经济增长［D］．重庆：重庆大学，2006．

［96］柯炳生．对推进我国基本实现农业现代化的几点认识［J］．中国农村经济，2000（9）：4-8．

［97］孔祥智，李圣军．试论我国现代农业的发展模式［J］．教学与研究，2007（10）：9-13．

［98］赖章盛，张宇丰．生态文明与现代生产方式的生态化转型［J］．法制与社会，2009（27）：208-209．

［99］兰君．中国煤炭产业转型升级与空间布局优化研究［D］．北京：中

国地质大学，2019.

［100］兰婷．乡村振兴背景下农业面源污染多主体合作治理模式研究［J］．农村经济，2019（1）：8-14.

［101］雷振丹．创新型石河子市建设的进程评价研究［D］．石河子：石河子大学，2012.

［102］黎振强，杨新荣．生态农业投入产出的经济利益诱导机制研究［J］．经济问题，2014（12）：104-110.

［103］李秉龙．农业经济学［M］．北京：中国农业大学出版社，2010.

［104］李波，张俊飚，李海鹏．中国农业碳排放时空特征及影响因素分解［J］．中国人口·资源与环境，2011（8）：80-86.

［105］李娣，胡拥军，肖中良．长株潭区域产业生态化发展评价与对策研究［J］．开放导报，2010（1）：101-105.

［106］李军．我国现代农业发展模式相关术语研究［D］．武汉：武汉大学，2012.

［107］李俊英．论我国私募证券投资基金的合法化［J］．新疆财经，2007（5）：55-58.

［108］李磊．农业技术创新对农业经济发展的影响研究：以甘肃省为例［D］．兰州：兰州财经大学，2019.

［109］李林红，李莲青，王娟．西部地区农业技术进步对农民收入的影响研究［J］．生态经济，2019（1）：84-89.

［110］李鹏梅．我国工业生态化路径研究［D］．天津：南开大学，2012.

［111］李珊珊，张文松，王单玉．基于SBM-Undesirable的我国废水减排潜力研究及预测［J］．人民长江，2019（11）：113-118.

［112］李伟．农业产业化对农业碳排放绩效的影响效应分析：以河北省为例［J］．世界农业，2017（6）：53-59.

［113］李晓阳，许属琴．经营规模、金融驱动与农业全要素生产率［J］．软科学，2017（8）：5-8.

［114］李修远．影响西部现代农业生态化发展的因素［N］．中国消费者

报，2001-10-16.

［115］李在军，姚云霞，马志飞，等．中国生态效率的空间格局与影响机制分析［J］．环境科学学报，2016（2）：4208-4217.

［116］厉无畏．把握国际产业发展三大趋势　促进我国产业结构优化升级［J］．中国经济快讯，2002（120）：21-22.

［117］梁爽，陈浮，渠俊峰，等．低碳背景下江苏省农业现代化水平综合评析［J］．江苏农业科学，2015（1）：423-426.

［118］梁伟军．农业与相关产业融合发展研究［D］．武汉：华中农业大学，2010.

［119］梁银锋，陈雯婷，谭晶荣．全球化对中国农业生产性服务业的影响［J］．农业技术经济，2018（7）：4-18.

［120］林锦彬，刘飞翔，郑金贵．我国农业生态效率时空格局差序化分析：基于 DEA-ESDA 模型［J］．江苏农业科学，2017（4）：302-306.

［121］林锦彬，翁定河，钟彬，等．生态文明视角下山区县现代农业生态化实证分析：以福建省大田县为例［J］．福建农林大学学报（哲学社会科学版），2013（4）：46-51.

［122］林锦彬．福建省现代农业生态化动态分析与综合评价［D］．福州：福建农林大学，2014.

［123］林丽芳．关于现代农业生态化战略的研究［J］．福建行政学院福建经济管理干部学院学报，2003（2）：15-19.

［124］林培章．福建省现代烟草农业发展对策研究［D］．杭州：浙江大学，2010.

［125］林文雄，陈婷．中国农业的生态化转型与发展生态农业新视野［J］．中国生态农业学报（中英文），2019，27（2）：169-176.

［126］林毅夫．制度、技术与中国农业发展［M］．上海：上海三联书店，1992.

［127］刘标胜，程曙．新制度经济学视角下保险理赔难的原因与对策研究［J］．经济研究导刊，2014（25）：68-70.

［128］刘华军，鲍振，杨骞．中国农业碳排放的地区差距及其分布动态演进——基于 Dagum 基尼系数分解与非参数估计方法的实证研究［J］．农业技术经济，2013（3）：72-81.

［129］刘昌龙．新疆生产建设兵团在"丝绸之路经济带"战略中的地位和作用［J］．兵团党校校报，2014（3）：28-32.

［130］刘飞翔，林锦彬．福建省现代农业生态化测度模型构建及综合评价［J］．山西农业大学学报（社会科学版），2015（1）：55-61.

［131］刘飞翔，钟平英，张文明．我国山区县农业生态效率综合评价：以福建省武平县为例［J］．西北农林科技大学学报（社会科学版），2015（3）：94-99.

［132］刘刚．农业绿色发展的制度逻辑与实践路径［J］．当代经济管理，2020（42）：1-5.

［133］刘广亮，董会忠，吴宗杰．异质性技术进步对中国碳排放的门槛效应研究［J］．科技管理研究，2017（15）：236-242.

［134］刘金海．农民行为研究："关系-行为"范式的探讨及发展［J］．中国农村观察，2018（5）：126-142.

［135］刘俊浩．新疆生产建设兵团农业经济体制改革回顾与展望［J］．石河子大学学报（哲学社会科学版），2008（6）：10-13.

［136］刘小飞，管仲．兵团农工专业合作社发展模式探讨［J］．理论探讨，2019（22）：19-20.

［137］刘晓霞．人力资本投资对低碳经济发展的内在机理研究［J］．现代经济信息，2015（10）：5-6.

［138］刘则渊，代锦．产业生态化与我国经济的可持续发展道路［J］．自然辩证法研究，1994（12）：38-43.

［139］柳玉，李国锋．乡村振兴视域中现代农业生态化发展刍议［J］．理论观察，2018（5）：62-65.

［140］楼栋，邵峰，孔祥智．分工视角下的中国农业增长方式转变：驱动力量、阶段特征与发展趋势［J］．江汉论坛，2012（6）：36-43.

［141］卢良恕，孙君茂．创新现代农业模式　推动绿色农业发展［J］．甘肃农业，2007（12）：11-17.

［142］卢良恕．西部地区农业产业结构调整和现代农业建设：以新疆维吾尔自治区和新疆生产建设兵团为例［J］．中国农业资源与区划，2000（4）：6-11.

［143］卢文娟．论我国民营企业产权制度的创新［D］．南京：南京师范大学，2004.

［144］卢现祥．西方新制度经济学［M］．北京：中国发展出版社，2006.

［145］鲁钊阳．省域视角下农业科技进步对农业碳排放的影响研究［J］．科学学研究，2013（5）：674-683.

［146］陆根尧，盛龙，唐辰华．中国产业生态化水平的静态与动态分析：基于省际数据的实证研究［J］．中国工业经济，2012（3）：147-159.

［147］陆洋．兵团农产品质量安全管理体系研究［D］．石河子：石河子大学，2018.

［148］路玉彬．改革开放40年农业机械化发展与制度变迁［J］．西北农林科技大学学报（社会科学版），2018（6）：18-26.

［149］罗必良，李尚蒲．论农业经营制度变革及拓展方向［J］．农业经济技术，2018（1）：4-16.

［150］罗必良．论服务规模经营：从纵向分工到横向分工及连片专业化［J］．中国农村经济，2017（11）：2-16.

［151］罗必良．现代农业发展理论：逻辑线索与创新路径［M］．北京：中国农业出版社，2009.

［152］罗明忠，林家宝，张奕婧．制度创新与农业发展：中国经验与国际比较——中国国外农业经济研究会2017年年会暨学术研讨会综述［J］．中国农村经济，2017（11）：90-96.

［153］骆世明．中国生态农业制度的构建［J］．中国生态农业学报，2018（5）：759-770.

［154］毛明芳．协调推动技术进步与生态优化［N］．中国环境报，2019-10-21.

［155］孟航宇．徐州地区农村庭院发展状况与设计研究［D］．北京：中国矿业大学，2014.

［156］牛敏杰．基于生态文明视角的我国农业空间格局评价与优化研究［D］．北京：中国农业科学院，2016.

［157］牛爽．哈尔滨市现代农业生态化发展研究［J］．经济研究导刊，2010（12）：26-27.

［158］农业部、国家发展改革委、财政部联合印发《关于加快发展农业生产性服务业的指导意见》提出大力推进农业生产性服务业发展［EB/OL］．［2017-08-22］．http：//finance．china．com．cn/roll/20170822/4361924．shtml.

［159］农业农村部印发《2019年农业农村绿色发展工作要点》［EB/OL］．［2019-04-15］．http：//www．h2o-china．com/news/290298．html.

［160］潘海芹．江苏省产业生态化水平评价的实证研究［D］．西宁：青海师范大学，2015.

［161］潘润泽，李春德，李俊峰，等．现代农业生态化生态产业化［J］．环境与可持续发展，2006（1）：59-61.

［162］庞家幸．中国农业生态效率研究［D］．兰州：兰州大学，2016.

［163］彭亮．我国农业经济增长因素分析［D］．成都：四川大学，2003.

［164］彭源．江西省工业产业生态化发展研究［D］．南昌：南昌大学，2018.

［165］普永生．当代中国人口较少民族经济发展研究［D］．北京：中央民族大学，2009.

［166］齐晶晶．共生视角下山西产业生态化发展路径研究［D］．太原：山西财经大学，2016.

［167］齐晓辉．新疆兵团农业技术创新历程、绩效与启示［J］．新疆农垦经济，2011（6）：7-12.

［168］齐晓辉．新疆生产建设兵团可持续农业技术发展原则和技术体系研究［J］．安徽农业科学，2011（3）：4952-4953+4955.

［169］强化三农人才支撑，兵团培训农工合作社带头人［EB/OL］．

[2019-08-22]. http：//www. bingtuannet. com/c/2019-08-22/7268224. shtml.

[170] 秦大河，罗勇，陈振林，等. 气候变化科学的最新进展：IPCC 第四次评估综合报告解析 [J]. 气候变化研究进展，2007（6）：311-314.

[171] 秦守勤. 我国现代农业生态化的法律制度完善探讨 [J]. 农业经济，2013（7）：6-8.

[172] 秦艳红. 我国农村产业生态化转型中的问题探讨 [J]. 科技与经济，2011（6）：57-61.

[173] 邵任薇. 城中村改造中的政府角色扮演：安排者、监管者和协调者 [J]. 城市发展研究，2010（12）：125-128.

[174] 深化经济体制改革　让政府担当起市场"守夜人" [EB/OL]. [2018-12-29]. http：//views. ce. cn/view/ent/201812/29/t20181229_ 31139700. shtml.

[175] 沈国际，魏皓阳. 绿色发展视角下的我国农产品贸易问题探讨 [J]. 国际贸易，2017（5）：31-33.

[176] 石磊. 生态农业与农民发展 [J]. 山西大学学报（哲学社会科学版），2012（2）：43-46.

[177] 宋圭武. 生态化：农业现代化发展的核心 [N]. 甘肃日报，2017-07-09.

[178] 孙小燕，刘雍. 土地托管能否带动农户绿色生产 [J]. 中国农村经济，2019（11）：60-80.

[179] 孙玉竹，孙永珍，吴敬学，等. 农业对技术进步模式粮食生产能力影响分析：基于三大主粮 1999—2016 年省级面板数据分析 [J]. 中国农业科技导报，2019（7）：1-9.

[180] 谭爱花，李万明，谢芳. 农业科技自主创新的路径选择：基于新疆天业滴灌技术创新的案例研究 [J]. 科学管理研究，2011（6）：116-120.

[181] 唐姚，邵战林，常哲. 兵团综合配套改革中农业生产经营体制改革的研究及展望 [J]. 农业经济，2019（3）：160-163.

[182] 田昕加. 基于循环经济的林业资源型城市产业生态化发展研究

［D］．哈尔滨：东北林业大学，2011.

［183］田云，张俊飚，陈池波．中国低碳农业发展的空间异质性及影响机理研究［J］．中国地质大学学报（社会科学版），2016（4）：33-44.

［184］王爱民，李子联．农业技术进步对农民收入的影响机制研究［J］．经济经纬，2014（4）：31-36.

［185］王宝义，国艳秋．中国现代农业生态化发展的时空差异［J］．湖北经济学院学报，2017（1）：39-47.

［186］王宝义，张卫国．中国农业生态效率测度及时空差异研究［J］．中国人口·资源与环境，2016（6）：11-19.

［187］王宝义，张卫国．中国农业生态效率的省际差异和影响因素：基于1996—2015年31个省份的面板数据分析［J］．中国农村经济，2018（2）：46-62.

［188］王宝义．中国农业生态化发展的评价分析与对策选择［D］．泰安：山东农业大学，2018.

［189］王宝义．中国农业生态化发展的综合评价与系统诊断［J］．财经科学，2018（8）：107-120.

［190］王宝义．中国现代农业生态化发展历程与政策导向［J］．福建农林大学学报（哲学社会科学版），2018（2）：38-46.

［191］王国印．论产业生态化的两种形式及其耦合［J］．当代经济研究，2012（11）：7-13.

［192］王宏杰．中国农业科技自主创新管理体制研究［D］．武汉：华中科技大学，2007.

［193］王洪龙．城镇化进程中的现代农业生态化挑战与对策思考：以河南省为例［D］．北京：北京化工大学，2014.

［194］王惠，卞艺杰．农业生产效率、农业碳排放的动态演进与门槛特征［J］．农业技术经济，2015（6）：36-47.

［195］王瑾．"技术环境悖论"的微观经济学分析［J］．湖北文理学院学报，2014（9）：29-38.

［196］王晶，孔凡斌．区域产业生态化效率评价研究：以鄱阳湖生态经济区为例［J］．经济地理，2012（12）：101-107.

［197］王静，尉元明．甘肃省农业生态系统健康评价［J］．生态学报，2006（6）：711-715.

［198］王侃．新疆生产建设兵团发展合作经济组织的思考［J］．新疆农垦科技，2013（10）：53-56.

［199］王蕾．兵团特色城镇化模式与路径研究［D］．石河子：石河子大学，2017.

［200］王力．新疆兵团农业现代化的进程分析与模式选择：对农垦系统农业现代化实现路径的思考［J］．农业技术经济，2013（4）：93-101.

［201］王丽影．低碳视角下农业生态效率及影响因素研究——以长江经济带为例［D］．南昌：江西财经大学，2017.

［202］王玲，吕新．新疆兵团现代农业技术选择研究［J］．江西农业学报，2010（7）：167-169.

［203］王书明，张文喜，陶志刚．技术开发与环境问题：全球问题与持续发展研究［J］．自然辩证法研究，1997（1）：52-55.

［204］王笑丛．绿色生产决策的影响因素与效果分析［J］．社会科学家，2018（2）：76-81.

［205］王艳．推进电子政务的内在机制约束及路径选择［J］．情报杂志，2006（11）：8-10.

［206］魏金义，祁春节．农业技术进步与要素禀赋的耦合协调度测算［J］．中国人口·资源与环境，2015（1）：90-96.

［207］魏玮，文长存，崔琦，等．农业技术进步对农业能源使用与碳排放的影响：基于GTAP-E模型分析［J］．农业技术经济，2018（2）：30-40.

［208］邬爱其，贾生华．产业演进与企业成长模式适应性调整［J］．外国经济与管理，2003（4）：15-20.

［209］吴贤荣，张俊飚，田云，等．中国省域农业碳排放：测算、效率变动及影响因素研究——基于DEA-Malmquist指数分解方法与Tobit模型运用［J］．

资源科学，2014（1）：129-138.

［210］吴远翔．基于新制度经济学理论的当代中国城市设计制度研究［D］．哈尔滨：哈尔滨工业大学，2004.

［211］伍国勇．农业生态化发展路径研究：基于超循环经济的视角［D］．重庆：西南大学，2014.

［212］席鹭军．鄱阳湖生态经济区现代农业生态化探析［J］．湖北经济学院学报（人文社会科学版），2015（11）：41-42.

［213］肖化柱．家庭农场制度创新与现代农业发展研究［J］．淮海工学院（人文社会科学版），2017（7）：93-96.

［214］谢正观，龚江丽，张新红．基于生态约束的合肥空间优化研究［J］．城乡建设，2013（4）34-36.

［215］新疆兵团20家单位实现农产品质量可追溯［EB/OL］．［2016-04-27］.https：//wiki.antpedia.com/xinjiangbingtuan20jiadanweishixiannongchanpinzhiliangkezhuisu-1321668-news.

［216］新疆兵团推进农业绿色发展［EB/OL］．［2018-05-08］.https：//www.sohu.com/a/230892661_123753.

［217］徐雪高，郑微微．农业绿色发展制度机制创新：浙江实践［J］．江苏农业科学，2018（16）：293-296.

［218］徐震，顾大治．城市产业类建筑遗产改造性再利用模式的生成语境［J］．工业建筑，2011（6）：47-49+53.

［219］许佳瑜．陕西产业生态化测度与路径研究［D］．西安：西北大学，2017.

［220］许可．可持续发展与生态农业制度：评中国农业生态园制度［J］．人民论坛，2018（16）：156-157.

［221］许朗，罗东玲，刘爱军．中国粮食主产省（区）农业生态效率评价与比较：基于DEA和Malmquist指数方法［J］．湖南农业大学学报（社会科学版），2014（4）：76-82.

［222］阳立高，龚世豪，王铂，等．人力资本、技术进步与制造业升级

［J］．中国软科学，2018（12）：1-19.

［223］姚洋．中国农地制度：一个分析框架［J］．中国社会科学，2000（2）：54-65+206.

［224］杨钧．农业技术进步对农业碳排放的影响：中国省级数据的检验［J］．软科学，2013（10）：116-120.

［225］杨培源．根植与超越：基于传统现代农业生态化实践的循环经济构建［J］．江西农业学报，2011（5）：198-201.

［226］杨小平．兵团第八师石河子农产品"三品一标"品牌建设现状及展望［J］．新疆农垦科技，2018（12）：44-46.

［227］杨玉苹，朱立志，孙炜琳．农户参与农业生态转型：预期效益还是政策激励［J］．中国人口·资源与环境，2019（8）：140-147.

［228］姚成胜，朱鹤健．区域农业可持续发展的生态安全评价：以福建省为例［J］．自然资源学报，2007（3）：380-388.

［229］姚延婷，陈万明．环境友好农业技术创新对经济增长的贡献研究［J］．财经问题研究，2016（9）：123-129.

［230］叶谦吉，罗必良．生态农业发展的战略问题［J］．西南农业大学学报，1987（1）：1-8.

［231］叶兴庆．我国农业经营体制的40年演变与未来走向［J］．农业经济问题，2018（6）：8-17.

［232］尹成杰．加快推进农业绿色与可持续发展的思考［J］．农村工作通讯，2016（3）：7-9.

［233］尹坚．工业园产业生态化评价指标体系及其升级路径研究：以镇江新区为例［D］．镇江：江苏大学，2013.

［234］尤胜．新时期团场基本经营制度研究：基于团场经营垄断行为的视角［D］．石河子：石河子大学，2012.

［235］于法稳．新时代农业绿色发展动因、核心及对策研究［J］．中国农村经济，2018（5）：19-34.

［236］于法稳．新时代生态农业发展亟需解决哪些问题［J］．学术前沿，

2019（19）：14-23.

［237］虞震．我国产业生态化路径研究［D］．上海：上海社会科学院，2007.

［238］袁增伟，毕军，张炳，等．传统产业生态化模式研究及应用［J］．中国人口·资源与环境，2004（2）：108-111.

［239］袁志清．现代农业新模式的发展［J］．南方农村，2008（6）：18-22.

［240］岳文辉，王晓俊，韩自强．基于熵权法和TOPSIS的发动机关键零部件加工过程绿色特性评价［J］．制造技术与机床，2013（12）：36-39.

［241］臧佳，田尉婧．我国农产品质量分级标准存在的问题与对策［J］．河南农业，2019（10）：57-58.

［242］臧芹．国家湿地公园旅游产业生态化及其实践路径研究：以湖北浮桥河为例［D］．昆明：云南师范大学，2017.

［243］曾大林，纪凡荣，李山峰．中国省际低碳农业发展的实证分析［J］．中国人口·资源与环境，2013（11）：30-35.

［244］张福庆，胡海胜．区域产业生态化耦合度评价模型及其实证研究：以鄱阳湖生态经济区为例［J］．江西社会科学，2010（4）：219-224.

［245］张国强，温军，汤向俊．中国人力资本、人力资本结构与产业结构升级［J］．中国人口·资源与环境，2011（10）：138-146.

［246］张红宇．中国现代农业经营体系的制度特征与发展取向［J］．中国农村经济，2018（1）：23-33.

［247］张建平．我国消费绿色转型的路径研究：基于多重外部影响因素视角［J］．中国环境管理，2020（1）：51-57.

［248］张健．制度与经济发展和增长理论综述［J］．经济问题探索，2002（10）：5-8.

［249］张宽，邓鑫，沈倩岭，等．农业技术进步、农村劳动力转移与农民收入：基于农业劳动生产率的分组PVAR模型分析［J］．农业技术经济，2017（6）：28-41.

［250］张南．当代三农问题之生态发展之路［J］．中国农业信息，2013（4）：20-22．

［251］张士运．北京创新型城市建设存在的问题及对策建议［J］．中国科技成果，2008（24）：12-15．

［252］张曙光，程炼．复杂产权论和有效产权论：中国地权变迁的一个分析框架［J］．经济学（季刊），2012（4）：1219-1238．

［253］张卫国．"四化两型"建设中现代农业生态化的探讨［J］．当代经济管理，2014（1）：41-44．

［254］张文龙，邓伟根．产业生态：自主创新的目标取向和发展转型的路径选择［J］．广西经济管理干部学院学报，2011（1）：22-25+32．

［255］张文庆．关于现代农业的几点思考［J］．现代农业，2015（10）：80-82．

［256］张文洲．基于超循环经济的我国现代农业生态化发展研究［J］．湖北社会科学，2015（11）：97-101．

［257］张新兴．互联网发展对我国产业生态化的影响研究［D］．南京：南京财经大学，2018．

［258］张永明．对改善兵团自然生态环境的思考［J］．兵团改革与发展，2017（1）：13-18．

［259］赵大伟．中国绿色农业发展的动力机制及制度变迁研究［J］．农业经济问题，2012（11）：72-79．

［260］赵丹丹，刘春明，鲍丙飞，等．农业可持续发展能力评价与子系统协调度分析：以我国粮食主产区为例［J］．经济地理，2018（4）：157-163．

［261］赵俊伟，尹昌斌，牛敏杰．中国农业生态文明发展水平的时空差异与变动趋势［J］．财贸研究，2017（6）：47-57．

［262］赵其国，钱海燕．低碳经济与农业发展思考［J］．生态环境学报．2009，18（5）：1609-1614．

［263］赵学军．改革开放以来中国商业信用制度的诱致性变迁［J］．中国经济史研究，2005（3）：58-67．

［264］赵晔．黑龙江省胜利农场现代农业生态化发展研究［D］．长春：吉林大学，2017．

［265］赵芝俊，袁开智．中国农业技术进步贡献率测算及分解：1985-2008［J］．农业经济问题，2009（3）：28-36．

［266］郑淋议，张应良．新中国农地产权制度变迁：历程、动因及启示［J］．西南大学学报（社会科学版），2019（1）：46-56．

［267］制度创新为农业带来勃勃生机［EB/OL］．［2019-09-30］．http：//www.chinatoday.com.cn/zw2018/rdzt/70y/tbbd/201909/t20190930800180441.html．

［268］钟道军．青海省产业生态化水平评价研究［D］．西宁：青海大学，2017．

［269］仲艳维．我国农村金融制度的变迁分析及创新研究［D］．北京：北京林业大学，2004．

［270］周红果．大地伦理视域下中国现代农业生态化探析［D］．吉首：吉首大学，2011．

［271］周宏飞，吴波，王玉刚，等．新疆生产建设兵团农垦生态建设的成就、问题及对策刍议［J］．中国科学院院刊，2017（1）：55-63．

［272］周利梅，李军军．基于SBM-Tobit模型的区域环境效率及影响因素研究：以福建省为例［J］．福建师范大学学报（哲学社会科学版），2018（1）：57-64+81+170．

［273］周新德，彭平锋．基于主体行为选择的我国农业绿色发展机制缺陷分析［J］．粮食科技与经济，2019（10）：119-123．

［274］周友良，张文利．低碳经济时代应对"低碳美元"陷阱的思考［J］．现代城市，2009（4）：41-44．

［275］周振，孔祥智．新中国70年农业经营体制的历史变迁与政策启示［J］．管理世界，2019（10）：24-38．

［276］周振，牛立腾，孔祥智．户籍歧视与城乡劳动力工资差异：基于倾向值的匹配分析［J］．区域经济评论，2014（4）：122-130．

［277］朱宏登．新时期我国耕地制度创新路径研究［D］．呼和浩特：内蒙

古农业大学, 2011.

[278] 朱侃, 陈秋红, 孙枭坤. 近 20 年来国内农业经济研究: 议题、脉络与走向 [J]. 华中农业大学学报 (社会科学版), 2019 (1): 86-96.

[279] 诸大建, 朱远. 生态效率与循环经济 [J]. 复旦学报 (社会科学版), 2005 (2): 60-66.

[280] 邹君. 湖南省农业产业化进程中的生态化发展初探 [J]. 衡阳师范学院学报, 2005 (6): 96-100.

[281] 左锋, 曹明宏. 世界替代农业发展模式的演进及我国的对策 [J]. 经济纵横, 2006 (2): 56-59.